DES PROFESSIONS INDUSTRIELLES & AGRICOLES
SÉRIE G, N° 12

...NOMIE DES COMBUSTIBLES

...DE PRATIQUE

DU

...STRUCTEUR

...S ÉCONOMIQUES DE CHAUFFAGE

pour les

...MBUSTIBLES SOLIDES ET GAZEUX

TRAITANT

...URS À GAZ FIXES ET LOCOMOBILES
...DE LA CHALEUR CONCENTRÉE ET DU CALORIQUE PERDU
...DIÈRES À VAPEUR ET AUX FOURS DE TOUTE ESPÈCE

à l'usage

...urs, Architectes, Fumistes, Fournalistes
...; des Forges, fabriques de Zinc, de Porcelaine
...er, de Produits chimiques; des Raffineries
...de Sel, des Industries Métallurgiques
...et autres employant de la chaleur

PAR

...ERRE FLAMM

...CIEN DIRECTEUR DE VERRERIES
du *Verrier du XIXe siècle*

PARIS

...INDUSTRIELLE ET AGRICOLE

...UGÈNE LACROIX
...us Ingénieurs civils, quai Malaquais, 15

1864

Tous droits réservés

GUIDE PRATIQUE

DU CONSTRUCTEUR

D'APPAREILS ÉCONOMIQUES DE CHAUFFAGE

NANCY. — Typographie A. LEPAGE

GRANDE-RUE (VILLE-VIEILLE), 14.

TROIS SOURCES D'ÉCONOMIE DE COMBUSTIBLES

GUIDE PRATIQUE

DU

CONSTRUCTEUR

D'APPAREILS ECONOMIQUES DE CHAUFFAGE

pour les

COMBUSTIBLES SOLIDES ET GAZEUX

TRAITANT

DES GÉNÉRATEURS A GAZ FIXES ET LOCOMOBILES

DE L'APPLICATION DE LA CHALEUR CONCENTRÉE ET DU CALORIQUE PERDU

AUX CHAUDIÈRES A VAPEUR ET AUX FOURS DE TOUTE ESPÈCE

à l'usage

Des Ingénieurs, Architectes, Fumistes, Journalistes
Verriers, Briquetiers, Tuiliers; des Forges, fabriques de Zinc, de Porcelaine
De Faïence, d'Aciers, de Produits chimiques; des Raffineries
De Sucre, de Sel, des Industries Métallurgiques
Et autres employant de la chaleur

PAR

PIERRE FLAMM

MANUFACTURIER, ANCIEN DIRECTEUR DE VERRERIES
Auteur du *Verrier du XIXe siècle*

PARIS

LIBRAIRIE SCIENTIFIQUE, INDUSTRIELLE ET AGRICOLE

EUGÈNE LACROIX

Libraire de la Société des Ingénieurs civils, quai Malaquais, 15

1864

GUIDE PRATIQUE
DU CONSTRUCTEUR

D'APPAREILS ÉCONOMIQUES DE CHAUFFAGE

—————

Non multa sed multum.

I

De la combustion et des appareils de chauffage.

Le combustible constitue la plus importante des dépenses de la majeure partie des industries; car la chaleur y est le plus souvent l'unique moyen, soit de créer
la force motrice nécessaire au fonctionnement des ma-
chines et des outillages, soit de décomposer, de transformer, de combiner, de brûler, de chauffer, de sécher,
etc., certains corps, dans le seul but d'en obtenir des produits variés, exigés par le commerce.

C'est surtout dans les industries à feu continu : métal-

1

lurgiques, céramiques, verrières et autres, que la chaleur joue le principal rôle. La moindre économie qu'on parvient à réaliser dans sa consommation a pour résultat immédiat une réduction sensible des prix de revient, effet naturel de la loi bien connue, qu'un résultat de mince valeur, pris isolément et paraissant insignifiant, gagne en importance, lorsqu'il est répété tous les jours.

Pour développer de la chaleur et pour l'appliquer à ces besoins innombrables, on se sert d'appareils de chauffage de formes variées à l'infini suivant leur destination, et appelés FOURS ou FOURNEAUX, dans lesquels on brûle le combustible soit sur des grilles, soit sur l'âtre à sole unie; par conséquent, les industriels ont tout intérêt à se procurer des appareils de chauffage parfaits et appropriés aux nécessités de leurs industries, afin d'atteindre le maximum d'effet utile avec la plus petite quantité possible de combustible.

Jusqu'au commencement de notre siècle, le bois était le combustible le plus généralement en usage.

Qu'importait aux industriels de s'enquérir de fours plus économiques, tant que les forêts restaient inexploitées, faute d'un emploi lucratif des bois, tant que la transformation de ceux-ci, par la combustion, en métaux, en verre et en matériaux de construction, fournissait presque l'unique moyen d'en tirer quelque profit, vu leur éloignement des centres de population; enfin, tant que ces produits ne s'étaient pas encore imposés dans nos habitudes comme objets de luxe et d'usage indispensable?

Mais cet état de choses, qui existait encore il n'y a pas plus d'une cinquantaine d'années, et continue même de nos jours dans quelques rares contrées de la France, a totalement changé de face. Le renchérissement et la rareté du bois, résultant de l'emploi multiplié et plus utile qu'il a trouvé depuis, ainsi que l'augmentation constante des besoins des produits se faisant sentir dans le même moment, ont forcé les industriels non-seulement de modifier considérablement leurs appareils de chauffage et de les rendre d'un usage plus efficace et économique, mais aussi d'augmenter dans la même proportion leurs moyens de production.

Il faut pouvoir se reporter par la pensée à la position dans laquelle se trouvait le plus grand nombre d'usines à feu continu à l'époque dont nous voulons parler, pour se rendre exactement compte de la lenteur qui a présidé aux améliorations notables des anciens appareils de chauffage alors en usage.

On rencontre d'abord l'empirisme, dominant toute espèce de recherches nouvelles ; c'est lui qui mit à chaque pas des obstacles sérieux à une solution prompte des questions importantes, en offrant les tâtonnements et le hasard comme guides pour arriver au but proposé. Les sciences furent un sanctuaire presqu'impénétrable à la majeure partie des industriels, et ceux d'entre eux qui eurent le bonheur d'en franchir le seuil, ayant pour gagne-pain un seul four à leur disposition, ne purent raisonnablement pas s'exposer à sacrifier leur moyen d'existence en voulant faire, à titre d'essai, de grands changements à leur appareil de chauffage, et cela à une époque où les sciences elles-mêmes étaient à peine sorties du vague dans lequel sont restées trop longtemps les lois sur la combustion, et sur lesquelles elles n'ont pas encore prononcé leur dernier mot. Et de nos jours, où la vérité de ces lois brille dans tout son éclat, ne rencontre-t-on pas, à chaque pas que l'on fait dans l'inspection des divers appareils de chauffage, des erreurs basées sur des principes faux? Ne découvre-t-on pas tous les jours de nouveaux moyens pour appliquer aux industries des vérités démontrées de-puis longtemps par des essais de laboratoire? Pourquoi nos appareils ne sont-ils pas déjà arrivés à cette perfec-tion que les sciences nous montrent en perspective?

Quoi qu'il en soit, il est de fait notoire que les indus-tries en général ont fait plus de progrès, dans les dernières trente années, avec l'assistance des sciences, que pendant plusieurs siècles sous l'égide de l'empirisme. Le bois, longtemps seul en usage, a été avantageusement remplacé par la tourbe et par les combustibles minéraux tels que l'anthracite, les lignites et la houille. N'étant plus rivées au sol par les forêts, autrefois l'unique source connue de la chaleur, une ère nouvelle s'ouvrit aux industries; elles purent s'approcher des centres de population, et utiliser tous les avantages résultant des voies de communication faciles et économiques.

Poussés inexorablement vers le progrès par la con-currence, les industriels ne cessèrent de diriger leur attention sur les nouvelles découvertes, naissant inces-samment des investigations des savants, et de les appli-quer au perfectionnement des appareils de chauffage, en cherchant des moyens économiques de produire de la chaleur. L'augmentation continuelle des besoins leur commanda impérieusement la multiplication des moyens de production; ils eurent dès lors continuellement en feu plusieurs fours, dans lesquels ils purent tour à tour faire des expériences, sans s'exposer à une ruine éventuelle.

C'est donc grâce aux investigations laborieuses et patientes, grâce aux expériences nombreuses et coûteuses, faites simultanément dans toutes les industries, qu'on est parvenu graduellement aux perfectionnements, dont nous nous proposons de signaler les plus importants.

On a reconnu que la combinaison d'un appareil de chauffage quelconque doit être basé sur des règles déterminées par la théorie et la pratique ; avant de passer en revue les détails qui constituent les fours, nous croyons utile de rappeler ici les principales notions élémentaires sur la combustion, afin, non-seulement, d'être mieux compris de nos lecteurs, mais aussi pour mettre l'industriel à même de pouvoir étendre le champ des découvertes, en évitant soigneusement les écueils qui surgiront infailliblement sur la route pénible qu'il a à parcourir, et que nous allons signaler.

II

Notions élémentaires de la combustion.

Les traités élémentaires nous enseignent que tous les corps simples ou composés avec lesquels *l'oxygène* peut se combiner, s'appellent CORPS COMBUSTIBLES. Le moment où cette combinaison se fait est souvent accompagné de lumière et de chaleur.; par conséquent les combustibles en général sont très nombreux, tandis que ceux employés en industrie le sont peu.

Ces derniers sont le bois, la tourbe, les lignites, la houille et l'anthracite. Les naphtalines ainsi que les gaz oléifiants promettent d'occuper, dans le plus prochain avenir, une grande place parmi ces combustibles industriels.

Presque tous sont formés de carbone, d'hydrogène, d'oxygène, d'azote et de matières minérales ou cendres.

Ce petit nombre d'éléments peut donner naissance à

une grande variété de produits par l'effet de la distillation, suivant le plus ou moins d'élévation du degré de
chaleur auquel le combustible est soumis.

Les solides, tels que naphtaline, résine, goudron, se
produisent à la température la plus basse de la distillation,
ainsi que les liquides qui entrent en ébullition à une haute
température.

En augmentant la température, la formation des liquides
volatils a lieu.

En élevant davantage la température, le gaz oléifiant
(hydrogène bi-carburé) est mis en liberté.

Enfin, pendant la plus haute température, le gaz hydrogène légèrement carburé, se dégage en dernier lieu.

Le carbone prédomine dans tous les combustibles industriels. Pendant leur distillation en vase clos, à la température de rouge vif, les produits volatils, LES GAZ, se
dégagent sous forme de FUMÉE MÊLÉE DE VAPEURS, sans
pouvoir brûler, tant qu'ils n'ont pas été préalablement
combinés avec une certaine quantité d'oxygène, qu'ils
puisent dans l'air atmosphérique ou dans la vapeur d'eau ;
car la combustion est la COMBINAISON DE L'OXYGÈNE avec
les autres corps ; c'est donc le moment, où l'union ou la
combinaison de deux ou de plusieurs corps se fait. La lumière y est produite par le carbone enflammé et élevé à
la plus haute température. Cependant la quantité de gaz
varie non-seulement suivant la nature du combustible
soumis à l'action de la chaleur, mais aussi dans la même
espèce de combustible ; la houille en offre des exemples
curieux. Car parmi les houilles grasses il y en a qui brûlent à longues flammes et d'autres à courtes flammes ; le
même phénomène a lieu pour les houilles maigres et se

ches. Plus une houille produit des flammes longues pendant sa combustion, plus son gaz de carbone se trouve combiné à une plus grande quantité de gaz hydrogène; et ce dernier gaz est absent lorsqu'une houille brûle sans flammes.

D'après les recherches de M. Despretz, la chaleur dégagée dans tous les cas de combustion dépend de la QUANTITÉ D'OXYGÈNE qui se combine avec le combustible.

La valeur intrinsèque d'un combustible quelconque est en raison de sa puissance calorifique, qui est égale à la chaleur que la quantité de carbone y renfermée, et augmentée de celle qui résulte de l'hydrogène en excès, produirait par la combustion. Elle est désignée par des UNITÉS CALORIFIQUES, qu'on obtient en chauffant une certaine quantité d'eau d'une température connue avec une quantité déterminée de combustible à étudier dans un appareil construit de manière que toute la chaleur développée soit exactement absorbée par l'eau.

Rumford a été le premier physicien qui se soit occupé de la détermination de la puissance calorifique des combustibles; il s'est servi de son calorimètre de la construction suivante :

Au fond d'une caisse plate en cuivre rouge circule un serpentin du même métal, dont une extrémité traverse le fond et aboutit dans un entonnoir renversé, et l'autre finit en un long tube vertical assez élevé au-dessus de le caisse, remplissant les fonctions de cheminée. Le foyer est placé dessous l'entonnoir qui attire la fumée et la chaleur développées; celle-ci est donc absorbée par l'eau que l'on a versée dans l'appareil et par le métal.

En admettant qu'on ait consommé 12 gram. de combustible pour augmenter la température de 10 kil. d'eau de 6 degrés, et que la caisse pèse $1^k,200$, on trouve les unités calorifiques comme suit :

La chaleur spécifique du cuivre étant 0,0949, la quantité de chaleur absorbée par l'appareil et par l'eau sera égale à 10 kil. $+ 1^k,20 \times 0,0949 = 10,6288$; en multipliant par 6 degrés on obtiendra la quantité d'eau, dont on pourrait élever la température d'un degré avec 12 gram. de ce combustible, soit $10,6288 \times 6 = 65^k,77280$; et la puissance calorifique de $65,77 \times \frac{1000}{100} = 6\ 577$ unités.

Les unités calorifiques développées après une parfaite combustion sont constamment les mêmes pour une égale quantité de combustible donnée, quelles que soient les circonstances de la combustion.

Après Rumford, d'autres physiciens ont poursuivi ses recherches, en corrigeant son appareil et en créant d'autres plus parfaits.

Le mélange le plus intime ou atomique de 27,56 parties de carbone et de 72,64 parties d'oxygène, constitue l'acide carbonique, qui est incombustible.

Pour convertir 1 kil. de *carbone* en acide carbonique, il faut $2^k,65$ ou 1 mètre cube 85 d'oxygène, dont la densité à l'égard de l'air atmosphérique est de 1,1026.

Un mètre cube d'air à zéro degré et sous la pression d'une atmosphère ($0^m,76$ colonne de mercure), pèse $1^k,43$.

Un kil. de carbone exige pour sa combustion $1^{mc},85$ d'oxygène ; or, l'air renferme $0^m,21$ d'oxygène et $0^m,79$

d'azote, il faut donc à la combustion de 1 kil. de carbone 8^{mc},81 d'air atmosphérique.

L'eau est formée de 11,1 d'hydrogène et de 88,9 d'oxygène ; 1 kil. d'hydrogène pur exige pour sa combustion 8 kil. ou 5^{mc},6 d'ydrogène ou 26^{mc},66 d'air atmosphérique.

Lorsqu'on connaît la quantité de carbone renfermée dans 1 kil. de combustible, il est facile de calculer le volume d'air indispensable à sa parfaite combustion.

Mais comme tout le volume d'air atmosphérique appelé à travers la grille ne peut pas se combiner instantanément et simultanément avec le carbone solide (coke) et le carbone gazeux dégagé par la chaleur, en tant qu'on brûle le combustible directement sur la *grille vive*, il s'en suit qu'elle appelle presque le double du volume d'air rigoureusement nécessaire à une parfaite combustion, dont la moitié passe dans le foyer, sans être décomposé, en le refroidissant considérablement, à l'exception du bois qui en laisse échapper un tiers.

Le tableau suivant, composé d'après les données empruntées au traité de chaleur de M. Peclet, donne le volume d'air atmosphérique nécessaire à la parfaite combustion et celui appelé effectivement, ainsi que la quantité de carbone et d'hydrogène, contenue dans 1 kil. des combustibles y désignés :

NATURE Des combustibles.	OXYGÈNE Hydrogène	CARBONE.	VOLUME D'AIR		GAZ dégagé à la cheminée.
			Appelé.	Nécessaire.	
Bois desséché complétement...........	"	0,51	6^{mc},75	4^{mc},50	7^{mc},54
Bois desséché à l'air..	"	0,406	4 ,40	3 ,60	6 ,11
Charbon de bois......	"	0,93	16 ,40	8 ,20	16 ,40
Tannée...........	"	0,40	"	3 ,50	"
Tourbe, bonne qualité.	0,30	0,58	11 ,28	5 ,64	11 ,73
D° renfermant 25 °/₀ de cendres...	0,223	0,43	9 ,02	4 ,51	9 ,63
Charbon de tourbe....	"	0,75	13 ,20	6 ,60	13 ,20
Houille...........	0,10	0,88	18 ,10	9 ,05	18 ,44
Coke, renfermant 15 °/₀ de cendres.......	"	"	15 ,00	7 ,05	15 ,00

LA PUISSANCE CALORIFIQUE est pour le

Carbone........................	7,800 unités
Oxide de carbone.................	5,354
Hydrogène pur....................	23,640
Hydrogène bi-carboné..............	12,052
Hydrogène proto-carboné...........	13,203
Bois séché artificiellement..........	5,600
Bois séché à l'air.................	2,750
Tourbe.........................	5,000
Lignite parfaite..................	5,900

Lignite imparfait....................... 4,900 unités
Houille grasse.......................... 7,850
Houille maréchal........................ 7,619
Houille brûlant à longue flamme........ 7,395
Houille sèche........................... 6,556

Les fluides volatils, résultant après la combustion parfaite et se dégageant par la cheminée, constituent la *fumée* proprement dite ; elle est composée à peu de chose près, *d'azote*, de *vapeur d'eau*, et *d'acide carbonique* et *d'air atmosphérique*, qui sont tous des corps incombustibles. On ne doit donc pas la confondre avec les fluides noirs, ou quelquefois brunâtres, que lancent souvent les cheminées, et désignés vulgairement, mais improprement par le nom de *fumée ;* car celle-ci contient, en outre des gaz dénommés, une grande quantité de corps combustibles, notamment de *carbone* (auquel est due la couleur foncée) ayant échappé dans le foyer, par une cause quelconque, à la combinaison avec l'oxygène, par suite de manque ou d'excès d'air atmosphérique ; ce qui constitue par conséquent une grande perte.

III

Des fourneaux.

Les FOURNEAUX se composent de plusieurs parties distinctes, ayant toutes leurs fonctions à remplir, savoir :

1° Du CENDRIER, ou l'espace libre sous la grille par lequel une partie de l'air nécessaire à la combustion arrive, et dans lequel tombent les résidus solides ou les CENDRES à mesure qu'elles se produisent.

2° Du FOYER, ou l'encaissement dans lequel la combustion a eu lieu.

3° De la GRILLE, ou primitivement de l'âtre, servant de fond au foyer, et sur lequel est déposé le combustible à brûler.

4° De L'ESPACE au-dessus du foyer, où le calorique développé dans le foyer doit exercer son action sur les corps à traiter par la chaleur ; et enfin

5° De la CHEMINÉE, destinée à appeler dans le foyer

l'air atmosphérique nécessaire à la combustion et à évacuer tous les fluides gazeux qui en résultent.

En combinant des appareils de chauffage, il est de
toute urgence de les approprier à l'espèce de combustible
que l'on doit brûler et à l'effet qu'on veut y produire.
Après avoir recherché par des expériences la température nécessaire pour atteindre ces effets, ainsi que la
quantité normale du combustible donné, qu'il faut dépenser dans un certain temps pour maintenir cette température, on use de tous les moyens que présentent la
théorie et la pratique pour utiliser tout le calorique renfermé dans le combustible.

On distingue deux manières de brûler du combustible
sur la grille, savoir : la combustion à GRILLE VIVE, qui
exige une couche mince et uniforme du combustible,
maintenue continuellement en ignition en rechargeant
par petites portions et par intervalles rapprochés, en évitant la production de trouées et de taches noires, provenant des scories, toutes les deux également nuisibles,
puisque l'air pénètre dans le foyer sans altération, et refroidit inutilement le four ; et la combustion A GRILLE
CHARGÉE D'UNE ÉPAISSE COUCHE de combustible qui exige
l'arrivée simultanée de l'air atmosphérique, et à travers
les barreaux de la grille et au-dessus de la couche de
combustible dans la région du foyer, où les gaz combustibles doivent se mélanger avec l'oxygène de l'air. Lorsqu'on emploie de la houille grasse, ce mode de chauffage
laisse sur la grille beaucoup de coke, dont le carbone
échappe naturellement à l'utilisation dans l'appareil de
chauffage.

En observant attentivement le phénomène de la com-

bustion sur la grille, on remarquera qu'il est sinon impossible, mais très difficile, de fournir par le seul effet de
l'aspiration, sous une forme très divisée et en temps
utile, la quantité d'air nécessaire à la parfaite combustion
de tous les éléments qui constituent le combustible ; car
lorsqu'il est en ignition, il se divise en corps solides et
en corps fluides et gazeux. En brûlant par exemple de la
houille sur la grille vive, elle dégage d'abord son gaz et
laisse pour résidu le charbon ou coke ; l'un et l'autre exigent instantanément et en même temps, à mesure que la
combustion continue, une quantité d'air atmosphérique
déterminée pour les brûler à la fois sur la grille et dans
le foyer au-dessus de la couche de combustible.

La quantité d'air exigée par le gaz dépend de la proportion de ses éléments constituants en hydrogène et en
carbone.

La houille étant composée en moyenne de

Hydrogène		5 parties
Gaz composé de carbone...... 18 ⎫	20	
— d'hydrogène .... 2 ⎭		
Carbone renfermé dans le coke......		60
Azote, soufre, oxygène et cendres....		15

                                     100 parties.

Il faudrait donc fournir dans *le foyer* pour la combustion du gaz contenu dans 1 kil. de houille, savoir :

Pour les 5 parties d'hydrogène.......	$1^{mc},533$ d'air
Pour les 18 parties de carbone combiné	1 586
Pour les 2 parties d'hydrogène.......	0 553

                                     $3^{mc},452$

Et en même temps par la grille, pour la parfaite combustion du coke, renfermant

60 parties............................. $5^{mc},286$ d'air

ou un volume total d'air de........... $8^{mc},738$ litres;

car on peut admettre que 1 kilog. de houille dégage $0^{mc},225$ litres de gaz, ayant besoin de 2,250 à 2,700 litres d'air atmosphérique, selon la composition du gaz. Le coke restant et pesant environ $0^{k},550$, exige pour sa combustion parfaite de 4,500 à 5,400 litres d'air atmosphérique.

Que se passe-t-il sur une grille qui doit appeler à travers ses barreaux tout le volume d'air nécessaire à la fois au gaz et au coke en ignition ? Les variations continuelles des surfaces libres par la formation irrégulière des scories, l'inégalité des morceaux de combustible et de l'épaisseur de sa couche sur la grille peuvent causer aussi bien un manque qu'un excès d'air. L'air arrivant à travers la grille est d'abord saisi au passage par le coke en ignition avant d'arriver au gaz dont une partie a eu le temps de s'échapper sans effet utile par la cheminée où il est appelé avec la même vitesse que l'air ; lorsqu'il arrive dans le foyer en quantité suffisante, il est inévitable de perdre une grande portion de gaz qui n'a pas trouvé d'oxygène pour se combiner avec lui, et son effet utile ne peut donc pas se produire. L'air arrivant en excès ou en gros volume est aussi nuisible, s'il n'a pas été divisé à l'infini pour produire avec les gaz combustibles un mélange atomique instantané ; car l'air attiré en gros jets n'agirait que par ses surfaces extérieures sur les gaz, semblable à un corps solide plongé dans un liquide, et le noyau d'air se dégagerait inaltéré par la cheminée, ou bien il se combinerait trop tard avec les gaz combustibles sans produire l'effet utile sur les corps à traiter dans le four.

Pour alimenter simultanément d'air atmosphérique le combustible *solide* en ignition sur la grille et le combustible *gazeux* monté dans l'espace libre du foyer, on doit le faire affluer dans la proportion indiquée pour chacun à la fois à travers les barreaux de la grille et par des soupiraux établis dans les parois du foyer et dont les orifices se trouvent immédiatement au-dessus de la couche de combustible, de manière à ce qu'ils y lancent continuellement la portion d'air nécessaire en jets très minces, afin d'atteindre dans ces régions un mélange aussi prompt et aussi intime que possible, en même temps que le mélange parfait d'oxygène et de carbone provenant du coke vient s'y confondre avec le premier mélange.

Cependant comme une foule de circonstances rendent un pareil mélange sinon impossible, mais très difficile, on est obligé, en combinant des fours à GRILLES VIVES, de fournir une quantité d'air plus grande que celle qui est strictement nécessaire à la combustion et déterminée par la théorie ; car en agissant autrement la combustion simultanée de l'hydrogène et du carbone ne pourrait pas s'effectuer convenablement ; l'hydrogène se saisirait de tout l'oxygène de l'air atmosphérique au détriment du carbone, dont la combustion n'aurait pas lieu, et qui s'échapperait, sous forme de poudre noire impalpable, par la cheminée en colorant la fumée.

La combustion sur la grille des dérivés solides provenant des combustibles végétaux et minéraux, obtenus par la distillation, tels que coke, charbons de bois et tourbes, n'offre pas autant de difficultés, puisqu'étant privés de leur gaz, ils brûlent sans flammes, à moins qu'ils n'aient été déposés sur la grille en couche fort épaisse. En les brûlant en couches minces, on peut introduire l'air atmosphérique nécessaire à travers la grille; la capillarité presque constante dans l'épaisseur de la couche divise l'air en jets très minces, ce qui facilite la combinaison de l'oxygène et du carbone. Il n'en est pas de même des couches épaisses, qui demandent pour leur parfaite combustion une portion d'air dans le foyer.

Celle des dérivés gazeux s'opère sans grille, puisqu'étant de leur nature volatils, ils peuvent se combiner avec l'oxygène en traversant l'air atmosphérique. S'ils s'échappent incandescents dans l'air ambiant, la flamme qui en résulte se produit là et au moment où le mélange se fait, et cela sur toute l'étendue du courant des gaz combustibles. Ce phénomène n'aura échappé à l'observation de personne, puisqu'il se produit incessamment sous nos yeux dans l'âtre de nos cheminées d'habitation, lorsqu'on brûle du bois humide; les flammes qui s'y produisent successivement, paraissent tantôt attenantes au brasier, tantôt elles en sont isolées et voltigeantes, suivant que les courants du gaz qui distille du bois chauffé, sont continus ou intermittents. Ces phénomènes indiquent donc clairement que les détails qui composent un appareil de chauffage quelconque doivent être appropriés et aux vrais besoins et à la nature du combustible à brûler.

De longues expériences ont déterminé la surface à donner à la GRILLE VIVE. Les fours à grand tirage demandent 66 centimètres carrés de surface de grille pour chaque kilogramme de houille à brûler dans une heure, et les grilles des fours à moyen tirage exigent une surface de 100 centimètres carrés, dont le quart forme les intervalles libres entre les barreaux. Les grilles à bois n'exigent que le quart de la surface de celles à houille.

Lorsque le tirage appelle l'air avec une vitesse de 1^m 524 par seconde, la somme des sections des soupiraux, versant l'air dans le foyer au-dessus de la couche de combustible, doit former au moins trois et demi pour cent de la somme de la surface des espaces libres de la grille.

Suivant que l'effet utile d'un combustible se produit dans le foyer même par le rayonnement (l'anthracite, le coke, les charbons de bois et de tourbe), ou en partie dans le foyer et en même temps à une distance plus ou moins éloignée de lui (la houille, les lignites, le bois, la tourbe), ou enfin loin du foyer (les gaz de carbone et d'hydrogène), il faut établir en conséquence l'espace où le calorique développé devra exercer son action sur les corps soumis à la chaleur ; et pour obtenir le maximum de l'effet utile du calorique il est encore nécessaire de réduire cet espace à sa dernière limite ; de faire en sorte qu'il y soit retenu le plus longtemps possible avant d'échapper par la cheminée et que les corps à traiter soient continuellement et directement frappés ou baignés des flammes.

On parvient à ces résultats en fournissant à propos le volume de combustible et d'air atmosphérique strictement nécessaire, en opérant le mélange des gaz avec l'oxygène dans la partie la plus basse du foyer, et en retenant la chaleur dans le four en lui faisant parcourir le plus long chemin possible pour se rendre à la cheminée d'appel, et en établissant des canaux intermédiaires, qui doivent l'absorber pour la rendre à leur tour à l'air destiné à alimenter la combustion.

En examinant maintenant le volume considérable de gaz et d'air qui entre successivement dans le foyer, il faut non-seulement que celui-ci soit assez spacieux pour pouvoir contenir ces fluides gazeux, mais il faut aussi pourvoir à leur évacuation prompte par la cheminée après qu'ils auront produit leur effet utile dans le four.

Les fluides gazeux, qui doivent trouver leur issue par la cheminée, s'élèvent pour 1 kil. de houille à $18^{mc},44$.

Une grande hauteur donnée à la cheminée procure un puissant élément de tirage, car sa puissance dépend de sa hauteur, de la température moyenne que l'air brûlé y conserve, et de sa plus petite section.

A la température de 500 degrés la cheminée atteint le maximum de tirage.

En donnant à la plus petite section de la cheminée la même surface que la somme de toutes les sections libres de la grille, on obtient un tirage parfait et une issue suffisante à tous les fluides gazeux incombustibles résultant de la combustion; au moyen de registres on peut la rétrécir à volonté et suivant les besoins. On évalue le maximum de cette section à 28,4 cent. carrés, pour chaque kilogramme de houille à brûler par heure.

Lorsque l'alimentation d'air a lieu mécaniquement, soit par injection sous la grille, ou en cas d'absence de celle-ci, sur l'aire, soit par aspiration au moyen d'un ventilateur établi à l'issue du four, la hauteur de la cheminée n'exerce aucune influence sur la combustion; dans ces cas, ses fonctions se réduisent simplement à l'évacuation des gaz délétères et incombustibles.

D'après tout ce qui précède, il résulte bien que les dimensions des fourneaux doivent être basées d'abord sur l'espèce et la quantité de combustible à brûler dans un temps déterminé, qu'il faut ensuite assurer la combustion à la fois à ses portions solide et fluide, en leur offrant l'air tellement divisé, que chaque atome de carbone et d'hydrogène puisse se combiner instantanément avec les équivalents d'oxygène.

Lorsqu'on dispose de bons appareils de chauffage et de combustible d'excellente qualité, le mode d'alimentation du foyer d'air et de combustible décide en dernier lieu de la production totale de l'effet utile, qu'on est en droit d'attendre de l'appareil. Le résultat du dernier concours des chauffeurs par la *Société industrielle d'Amiens*, auquel douze d'entre trente-deux candidats ont été admis à concourir, après avoir subi un examen préalable, est une preuve éclatante que le savoir faire et l'adresse de celui qui doit desservir l'appareil influent considérablement sur le résultat à obtenir. L'épreuve consistait à chauffer pendant 15 heures 45 minutes une chaudière à vapeur à bouilleurs avec de la houille *tout venant* de Mons, donnant 8 1/2 pour cent de cendres. Tous les candidats ont successivement fait leur travail pendant le même nombre d'heures, au même appareil et avec la même qualité de combustible; la quantité de vapeur produite par chacun indiquait la grandeur de l'effet utile obtenu. La différence entre le meilleur et le plus médiocre de cette élite de chauffeurs a été de 33 % environ; aussi le rapporteur du concours dit judicieusement : *Ainsi un industriel qui brûle par an pour 10,000 fr. de charbon, et il en est beaucoup dans ce cas-là, peut*

*sur ce chapitre, gagner ou perdre 3 à 4,000 fr.
suivant qu'il a un bon ou un mauvais chauffeur!* »

Or, pour réaliser de l'économie dans la consommation
de combustible, il s'agit de se procurer le meilleur appareil de chauffage et d'y brûler le combustible pour lequel il a été combiné, ou bien d'approprier l'appareil au
combustible, si ce dernier est limité, ce qui n'est pas toujours facile, s'il doit être brûlé sur la grille.

Dans notre ouvrage, *le Verrier du XIXe siècle* (1),
nous avons décrit un grand nombre de fours à grille
vive, dans l'ordre progressif des améliorations qu'ils ont
successivement reçues depuis qu'on a commencé à faire
usage des combustibles minéraux jusqu'à nos jours. Il
nous reste maintenant à remplir une lacune, que nous
y avons laissée, savoir : de traiter des fours à *grilles
chargées d'une épaisse couche de combustible,* dits à
chaleur concentrée ou à *flammes renversées,* ainsi
que de l'emploi des *combustibles gazeux* qu'on extrait
expressément du bois, de la tourbe, des lignites et de la
houille, pour les brûler ensuite dans des *appareils de
chauffage sans grilles.*

(1) Un volume grand in-8°, 520 pages texte compact, avec figures
intercalées. Nancy, Lepage, 1862, édité par Eug. Lacroix, 15, quai
Malaquais, à Paris.

I V

De la combustion sur des grilles chargées d'une couche épaisse de combustible.

Pour obvier aux inconvénients que présente la combustion *à grille vive*, exigeant un travail incessant de la part d'un chauffeur intelligent, sans qu'il parvienne à éviter qu'une grande quantité d'air athmosphérique inaltéré ne traverse et refroidisse le four, on a essayé d'abord d'amonceler sur une partie de la *grille vive* un grand tas de combustible auprès de la porte du foyer. Cette masse étant exposée à la chaleur, s'embrase à la superficie et se dépouille insensiblement des gaz qu'elle renferme, qui, passant dans le foyer, se combinent avec l'air arrivant en excès à travers la grille ou par la porte du tisard entre-bâillée ; à mesure que ce tas se consume, le chauffeur le repousse sur l'arrière de la grille, en couche mince et uniforme, et le remplace ensuite par une nouvelle charge copieuse.

Ce mode de chauffage présente de grands avantages, que nous avons longuement exposés dans l'ouvrage précité. Ces avantages ont donné lieu à la création de foye: s profonds et encaissés à petite grille et dans lesquels le combustible à brûler est entassé en une couche fort épaisse.

Comme cet amoncellement ne laisse plus assez d'interstices libres pour que le volume d'air athmosphérique nécessaire à une parfaite combustion puisse arriver à temps dans le foyer, on a songé à diviser le volume d'air et à en diriger simultanément une portion sous la grille et l'autre directement dans le foyer, soit par l'effet seul du tirage de la cheminée d'appel, soit par insufflation mécanique; de manière que le carbone des gazs dégagés, aussi bien que celui renfermé dans le coke, trouve instantanément l'oxygène nécessaire à sa combinaison atomique.

De ce principe sont résultés des fourneaux de formes diverses. Dans les uns la colonne de combustible est allumée au sommet; le brasier en ignition communique la chaleur à la couche du combustible inerte sur lequel il repose et en distille le gaz qu'il renferme, lequel, mélangé d'air et de vapeurs d'eau, et appelé par la cheminée, est forcé de traverser le brasier, où il s'allume et se consume. Lorsque le combustible a été ainsi dépouillé peu à peu de son gaz et que la chaleur est successivement descendue dans les couches inférieures, toute la colonne de houille se trouve transformée en coke. Le gaz d'abord fort abondant et diminuant à mesure que le feu approche de la grille, produit une combustion très variable dans l'appareil de chauffage; car son allure, d'abord impétueuse et désordonnée, diminue peu à peu de vigueur; les flammes cessent entièrement pendant quelque temps, et au moment où la couche inférieure en contact avec la grille est en ignition, toute la colonne de coke superposée s'embrase de nouveau et se consume entièrement de bas en haut, en laissant une cendre fine et blanche, lorsqu'on a employé de la houille de bonne qualité et en morceaux de la grosseur d'un œuf.

Par suite de ces intermittences de chaleur, ce mode de brûler de la houille ne trouve son emploi utile que dans les appareils de chauffage des appartements; car en remplissant l'appareil de houille le matin, et en y mettant le feu, on n'a plus à s'en occuper pendant 18 à 24 heures, suivant la grosseur des morceaux employés, et la plus forte température qu'il développe le matin et le soir coïncide bien avec les phases de la journée où la température de l'atmosphère est la plus basse. Dans ces appareils, ayant une superficie de grille de 240 cent. carrés, et celle de la somme des espaces libres ou plutôt de la section le l'ouverture du cendrier clos de 35 cent. carrés, on consomme un demi-kil. de bonne houille par heure si le tirage de la cheminée est fort et si la houille est en morceaux de la grosseur d'une noisette, ne contenant pas de poussière.

On ne peut dompter l'impétuosité de ces fourneaux, construits à Charleville, et dont l'usage commence à se répandre, qu'en ouvrant un peu le couvercle pour laisser pénétrer un excès d'air directement dans les flammes. Mais en les éteignant ainsi le gaz s'échappe inutilement

2*

par la cheminée en l'encrassant et en l'obstruant promptement, ce qui est le revers de la médaille.

Dans les autres appareils à *grille fortement chargée* où
l'air est insufflé à la fois sous la grille et dans le courant
du gaz du foyer, l'intensité du feu reste continue. Ce
mode de combustion est même indispensable pour brûler
sur les grilles de l'anthracite ainsi que des houilles anthracitiques qui demandent une température très élevée
pour mettre en liberté leurs gaz; et l'encaissement du
foyer conduit naturellement à ce but.

Le four de fusion de verrerie suivant (*fig.* 1, pl. I)
de M. Belford, et marchant à la houille, a été adopté dans
quelques verreries belges.

De chaque côté du four de fusion à 8 ou 10 pots sont
les foyers encaissés A, semblables à des petits hauts-
fourneaux avec leur grilles B, et leurs cendriers fermés
C; on introduit les charges copieuses par les tisards E.
Au-dessus de chaque foyer se trouve une chambre F,
qui contient des tuyaux disposés en serpentin, et servant
à chauffer l'air atmosphérique nécessaire à la combustion.
L'aire du four entre les sièges est légèrement évasée pour
recueillir le verre liquide qui pourrait s'échapper éven-
tuellement des pots. Au-dessous de l'aire sont placés des
tuyaux en fonte H dans lesquels l'air atmosphérique est
injecté pour être dirigé en partie sous la grille et en partie par les orifices 1 ménagés dans le fond des chambres
à chauffer, dans les gaz combustibles qui se dégagent au-
dessus du brasier des foyers, après avoir été surchauffé
dans les tuyaux des chambres.

V

Des fours de fusion à chaleur concentrée, dits à flammes renversées.

Il résulte une concentration de chaleur chaque fois qu'on parvient à provoquer le mélange parfait des gaz de carbone et d'hydrogène avec l'oxygène en quantité suffisante dans le lieu même de l'appareil de chauffage, où la haute température développée doit exercer son effet utile sur les corps que l'on a soumis à la chaleur, et en y retenant le calorique aussi longtemps que possible.

Pour atteindre cette concentration de chaleur dans l'intérieur du four et nullement dans les cheminées auxiliaires ou d'appel, on doit s'occuper à diriger la chaleur développée directement sur les corps à traiter par elle, en établissant des cheminées auxiliaires, aboutissant sans solution de continuité dans la cheminée d'appel, et dont les orifices d'entrée se trouvent dans une position telle, à l'égard des corps à chauffer, que les flammes sont dirigées sur eux avant de pouvoir quitter le four.

Mais la section à donner à chaque orifice de sortie des flammes n'est pas indifférente, car on a trouvé par expérience qu'on obtient le meilleur résultat de concentration de chaleur LORSQUE LEUR SOMME EST ÉGALE A QUATRE CINQUIÈMES DE LA PLUS PETITE SECTION DE LA CHEMINÉE D'APPEL, ET QUE CELLE—CI EST ÉGALE A LA SOMME DE TOUTES LES SURFACES LIBRES LAISSÉES ENTRE LES BARREAUX DE LA GRILLE.

Il résulte de cette disposition une très grande pression par les courants de chaleur excessive développés dans l'intérieur du four. Les flammes sortant du foyer frappent d'abord vivement la voûte du four, se renversent jusqu'au niveau des siéges, appelées par les cheminées auxiliaires, dont les orifices sont répartis à égale distance entre eux. Ces issues offertes aux flammes étant plus petites que les surfaces libres de la grille, ne peuvent pas les avaler assez promptement, malgré le puissant tirage de la cheminée d'appel. L'oxygène de l'air atmosphérique qui a pénétré à l'intérieur du four, à travers l'épaisse couche du combustible en ignition, a le temps de se combiner intimement avec les gaz combustibles dégagés par la distillation; d'où provient leur combustion parfaite et par conséquent leur action considérable sur les corps soumis à la chaleur. Au moyen d'un registre qui se trouve au sommet de la cheminée d'appel, on peut augmenter ou diminuer le tirage suivant les besoins.

Pour mieux faire comprendre ce mode de chauffage, nous allons en appliquer le principe à un four de fusion du verre, qui nous servira ultérieurement de modèle aux autres applications, dont il sera question plus tard.

La plupart des fourneaux en usage dans les industries métallurgiques et autres n'ont pas été basés sur ces principes, et sont par conséquent susceptibles de subir de notables améliorations qui auront pour résultat certain une grande économie dans la dépense du combustible.

Qu'on examine les fours à réverbères dans lesquels les corps à traiter sont mis directement en contact avec la chaleur produite, et où pour faire naître le degré de température voulu, on cherche seulement à accélérer la vitesse des flammes par l'augmentation du tirage de la cheminée, sans atteindre toujours au but le plus important, de retenir le calorique dans l'espace libre du four et sans trop s'inquiéter de la perte énorme provoquée par son échappement prématuré par la cheminée. Le plus souvent ces courants compacts de flammes traversent l'air ambiant et chaud du four comme un torrent impétueux parcourant des eaux stagnantes, sans mêler intimement leurs fluides ; et cependant ces fours à réverbères que nous critiquons en ce moment sont beaucoup plus parfaits dans leur ensemble que ne l'ont été les anciens fours de fusion à grille vive des verreries.

L'industrie verrière a fait incontestablement un des plus grands pas vers l'économie du combustible depuis le jour où on a su appliquer des cheminées d'appel aux fours de fusion.

Cette amélioration consiste à mettre le four en communication avec une haute cheminée à grand tirage au moyen d'un vaste manteau de tôle qui l'enveloppe entièrement ; il y a vis-à-vis de chaque ouvreau un volet mo—

bile, servant aux souffleurs de brise-feu pendant leur travail, et permettant de desservir les creusets pendant la fusion du verre.

Quoique les cheminées à manteau exercent un assez bon effet sur la marche du four, elles ne produisent cependant pas tout l'effet utile dont une haute cheminée d'appel est susceptible, lorsque sa communication avec le four est établie sans solution de continuité; car tous les joints produits par la fermeture des volets, ainsi que les regards laissés à dessein vis-à-vis des ouvreaux, établissent continuellement des courants d'airs froid avec l'intérieur de la cheminée et en affaiblissent singulièrement le tirage en le contrariant.

D'un autre côté, l'air froid de la halle, baignant sans cesse le manteau en tôle, muni d'autant de volets que le four contient de creusets, ne contribue pas peu à l'abaissement de la température de la cheminée, et nuit par conséquent à son activité. Il y avait donc à découvrir d'autres modifications qui missent fin à ces inconvénients.

Un autre problème, non moins essentiel, restait à résoudre, celui de diminuer l'espace trop étendu de l'intérieur du four de fusion, et d'y maintenir plus longtemps le calorique développé, afin d'attteindre une nouvelle économie importante.

On remarque en effet dans ces fours que les flammes, aussitôt après leur développement, montent avec une vitesse moyenne vers la couronne et s'échappent presque toutes par les ouvreaux dans le manteau. Tant que les ouvreaux doivent rester imparfaitement fermés par des tuilettes étroites, toute l'action des cheminées de logis ne peut pas se produire; car le but de ces cheminées auxiliaires est de forcer les flammes à s'abaisser sur les creusets, à circuler autour d'eux et à s'échapper du four, après avoir produit leur effet utile. Il s'établit, en outre, un contre-courant d'air froid entrant dans le four par la partie inférieure des ouvreaux ouverts aux deux tiers, qui diminue la vitesse des flammes au moment de leur issue par la partie supérieure de ces ouvertures, d'où l'effet de réverbération des flammes sur le verre dans les creusets est en grande partie annihilé, puisque ces courants froids s'interposent continuellement entre le verre et les courants chauds.

Depuis quelques années on est parvenu à éloigner les inconvénients signalés ci-dessus par l'emploi des fours à *chaleur concentrée,* introduits d'abord dans les gobeleteries, où ils rendent des services considérables sous le rapport de l'économie dans la dépense du combustible, du temps et des fondants, en améliorant en même temps beaucoup la qualité du verre, parce que le calorique développé y est mieux utilisé que dans les fours à *grille vive* qui sont encore généralement en usage et que nous avons soigneusement décrits dans notre ouvrage précité.

Le four de fusion a chaleur concentrée est semblable aux fours ordinaires à grille vive. Il en diffère néanmoins par le rapport existant entre l'espace libre et celui occupé par les pots. Nous avons dit que l'espace libre est dans ceux-ci de 230 unités et que la somme de tous les pots occupe un espace du four de 86 unités; dans les fours à chaleur concentrée le rapport entre ces deux espaces n'est plus que de 2 à 1, en comprenant la fosse au-dessus du combustible dans le premier membre du rapport.

En second lieu, tous les ouvreaux et autres issues du four sont hermétiquement fermés, à l'exception des cheminées de logis qui prennent naissance au niveau des siéges, en face du centre de la paroi antérieure de chaque pot, et qui communiquent sans solution de continuité, avec la cheminée d'appel surmontant le four, sans cependant reposer sur la couronne.

Par suite de cet agencement, il a fallu apporter dans les détails des fours de fusion d'autres changements qui permissent d'exécuter avec facilité les manœuvres de la mise des pots, de l'enfournement des matières vitrifiables, du travail et du tisage : nous allons les passer en revue en faisant la description de ce four, dont la figure 2, planche I, représente la coupe verticale suivant la ligne NO, et la figure 5 la coupe horizontale suivant PQ.

Comme les flammes cherchent toujours le chemin le plus court et le plus direct pour se rendre dans la cheminée, on donne de préférence une forme ronde au four de fusion, afin que les orifices des cheminées auxiliaires soient éloignés à égale distance du centre du four où se trouve le foyer. Cette forme permet d'ailleurs d'augmenter à volonté le nombre des pots sans entraîner une dépense de combustible plus sensible.

Il y a cependant de petites verreries, n'ayant pas l'écoulement du produit d'un grand four, qui emploient des fours mi-ronds de 5 à 5 pots, semblables aux fours ronds coupés en deux parties égales et adossés contre un mur d'enceinte de la halle.

Pour construire un four rond à 8 grands pots, de la capacité de 500 kil. de matières vitrifiables chacun, on établit au centre du croisillon du cendrier, semblable

à celui décrit à la page 122 du *Verrier du XIXe siècle*,
une petite grille rectangulaire mesurant 1^m,20 en long
et 0^m,60 en large, n'ayant qu'un tiers et, le plus souvent, qu'un quart de surface libre. Autour de la grille on
monte le foyer, un encaissement rectangulaire à parois
verticales de 0^m,65 de hauteur avec des briques réfractaires sèches de la composition des briques de siéges, à
partir de ce point, on construit, avec des briques de la
même espèce, un entonnoir, de manière que son bord
supérieur décrive un cercle parfait au niveau des siéges
et autour du foyer, avec un rayon de 0^m,65; ce cercle
forme la crête des siéges.

Un fossé de 0^m,66 de largeur et de 1^m,20 de profondeur,
et dont le plafond est au niveau de la grille, règne dans
l'axe de la halle; c'est par lui qu'on arrive aux tisards de
chaque côté du four.

Deux canaux semi-circulaires de 0^m,25 de largeur sur
0^m,55 de hauteur et dont les orifices d'entrée communiquent avec le cendrier, tandis que ceux de sortie aboutissent dans le fossé précité, entourent extérieurement
le foyer et se trouvent au même niveau avec la grille;
leur paroi extérieure est construite en briques ordinaires
jusqu'au niveau des siéges et sert en même temps de base
aux piliers du four, destinés à supporter sa couronne;
leur paroi intérieure, ainsi que la couverte, sont formées
par le massif des siéges et du foyer. Ces canaux, remplis
d'air qu'ils puisent dans le cendrier, sont destinés à préserver d'une prompte destruction ces massifs, en leur
permettant de se dilater ou de se contracter à la chaleur,
sans nuire à la solidité des piliers de la couronne.

La hauteur des siéges est de 1^m,20 à partir de la grille

3

jusqu'à leur surface supérieure qui est arasée avec le pavé de la halle.

Huit piliers forment le mur de pourtour ; la distance qui existe entre eux est égale au petit diamètre extérieur des pots ; ils sont reliés au sommet par des arceaux sur lesquels repose la couronne du four, formant ainsi huit niches ou huit portines de $1^m,20$ de hauteur pour recevoir les pots. Lorsque ceux-ci sont en place et que leurs fonds viennent à ras de la crête circulaire du foyer, une moitié se trouve dans l'espace libre du four et l'autre moitié entre les piliers et sous les voûtes des portines. Ces dernières sont fermées chacune par une plaque épaisse, en terre cuite, d'une hauteur de $0^m,75$, allant jusqu'en dessous du col tubulaire du pot, et par une autre plaque de même matière, superposée, embrassant le col, de manière que toutes les communications avec l'extérieur soient parfaitement interrompues.

Pour déterminer l'espacement entre le pot et la plaque inférieure, chacune des plaques porte en haut, à la surface tournée vers l'intérieur, deux saillies qui s'appuient contre le pot.

Ces portines ont $0^m,10$ d'épaisseur ; une échancrure carrée de $0^m,16$ sur 0^m15, faite dans le milieu de leur bord inférieur, forme l'entrée de la cheminée de logis lorsqu'elle est en place.

Pour ne pas affaiblir les piliers, supports de la couronne, par le creux tubulaire des cheminées, on les établit à l'extérieur du four, en en adossant une contre chaque pilier.

Ces cheminées consistent en briques, percées chacune d'un trou rond ou carré d'une plus grande section que celle de l'échancrure de la portine, et qui, superposées, forment un tube parfait. La première brique de couche de chaque cheminée a sur son côté droit un trou servant d'orifice d'entrée.

La communication de chaque échancrure des portines avec sa cheminée, s'établit au moyen d'une boîte en terre cuite, que l'on couche sur le sol extérieurement contre la portine; cette boîte, qui a deux parois longitudinales réunies en équerre et une latérale, mise en place, forme un tube complet fermé du côté de l'échancrure, puisque le sol lui sert de fond et la portine de paroi longitudinale complémentaire; tous les joints doivent être lutés avec du mortier réfractaire.

Toutes ces cheminées auxiliaires aboutissent dans la grande cheminée d'appel. Un regard, hermétiquement fermé pendant la marche du four, est pratiqué extérieurement dans chaque cheminée; il permet de la nettoyer et de ralentir son tirage lorsqu'il est ouvert; ces regards servent donc en même temps de registres.

De chaque côté du foyer se trouve un tisard auquel on arrive par le grand fossé décrit ci-dessus, et par les tonnelles exclues du four et formées par l'épaisseur du massif circulaire en briques ordinaires, ainsi que de la largeur des siéges.

Les tisards sont fermés chacun par une épaisse plaque en terre cuite, ayant au sommet une ouverture carrée de $0^m,20$ sur $0^m,30$, close par un bouchon mobile et par laquelle on introduit les charges copieuses de demi-heure en demi-heure.

La couronne surmontant le four est ronde, à coupole, et sa distance de la crête des siéges est de $1^m,20$. Lors-

qu'on fond à creusets ouverts, on la construit à soubas-
sement, afin de diriger les larmes vers le foyer du four.
Pour pouvoir reconstruire le four sans toucher à la cheminée d'appel, celle-ci en est isolée, et supportée par
des travées en fer à double T qui elles-mêmes reposent
sur des colonnes en fer.

Comme les huit cheminées auxiliaires aboutissent à la
fois et au même niveau dans la cheminée d'appel, ces
courants d'air chaud pourraient se contrarier réciproquement, si on ne les isolait pas ; on y parvient en élevant
sur le fond de la cheminée d'appel une maçonnerie figu-
rant une étoile, dont les pointes forment des languettes
qui séparent entre elles les huit orifices des cheminées
auxiliaires.

Les figures 6 et 7 expliqueront mieux les détails du
four ; l'une en représente la coupe en élévation suivant la
ligne NO et l'autre la coupe en plan suivant la ligne PQ.

A la grille.

B le foyer.

C les siéges sur lesquels reposent les creusets.

D canaux semi-circulaires à air froid.

E massif circulaire en briques ordinaires, portant les
piliers.

F Les cheminées auxiliaires, adossées contre les piliers.

G les portines.

H les boîtes en terre, établissant la communauté des
issues du four avec leurs cheminées F.

J les fossés conduisant aux tisards.

K les bouchons des tisards.

L les tomelles.

M la cheminée d'appel.

Quelquefois on établit le four à recuire au-dessus du four de fusion ; dans ce cas il doit être indépendant de la couronne et être supporté, ainsi que la galerie, par des poutrelles en fer à double T.

Ce four contenait 8 pots couverts ronds, mesurant chacun en diamètre extérieur 0,65, en hauteur jusqu'à la naissance du dôme 0,75, et ayant chacun la capacité de 500 kil. de composition ; l'épaisseur de leurs parois était de $0^m,06$.

La composition des pots était la suivante :
7 parties de terre crue de Forge-les-Eaux ;
4 d°   d°   d°   brûlée ;
4 d°   tessons de vieux pots écaillés.
Toutes les briques du four étaient composées indistinctement de
1 partie de terre crue de Forge-les-Eaux ;
1 d°   d°   brûlée ;
1 d°   tessons de pots écaillés.

Ce four a fonctionné sans interruption pendant trois années, ayant été bien entretenu par des réparations à chaque mise de pots. La durée des pots a été régulièrement de trois mois, et on y fondait la composition normale de verre blanc de
   100 parties de sable ;
25 à 30 — de sel de soude de 90° ;
25 à 40 — de chaux hydratée (éteinte à l'air) ;
   100 — de groisil.

Ces variations avaient lieu aux différentes époques du four.

La fusion se faisait dans quatre pots pendant qu'on travaillait dans les quatre autres.

L'enfournement des matières vitrifiables dans les pots s'opérait par petites charges, distancées de demi-heure en demi-heure; la durée des fontes variait entre 17 et 18 heures, comprenant une demi-heure pour réchauffer le four après le travail et une demi-heure seulement d'affinage, et la durée du travail était de 9 heures.

On consommait par fonte, y compris le temps du travail, 1,100 kil. de houille du Nord, dite de l'Espérance.

Des essais souvent répétés avec de la houille de Saint-Ingbert (Bavière), de Louisenthal, près de Sarrebruck (Prusse), et d'Anzincourt, près d'Aniche (Nord), n'ont pas donné de résultats aussi satisfaisants, étant toutes trop légères et pas assez collantes, et la consommation atteignait presque le double de la quantité ordinaire sans produire un aussi bon effet, parce qu'une grande chaleur se développait dans les cheminées, et cela en pure perte.

On pourrait cependant réussir avec ces houille, en rétrécissant beaucoup les intervalles libres de la grilles, en maintenant, bien entendu, le rapport voulu entre leur somme et la somme des sections de l'entrée des cheminées auxiliaires, et en employant un foyer bien plus profond.

Pour maintenir le four construit à neuf en briques crues pendant toute la durée de sa mise en feu et pour l'empêcher de se crevasser par suite de la dilatation qu'il subit pendant son recuit, on l'entoure, à la naissance de la couronne, d'un cercle articulé en fer forgé plat. Ce cercle est formé par la réunion de plusieurs bandes à bouts pliés en équerre et boulonnées ensemble. Lorsqu'on s'aperçoit qu'il serre trop pendant que le four s'échauffe graduellement, il faut relâcher les boulons insensible-

ment et à mesure que le gonflement se produit. Dans
quelques usines on ceint le four d'une forte chaîne en
fer, qu'on serre par torsion au moyen d'un levier.

Il est à remarquer que les barreaux de la grille restent
froids pendant toute la durée de la marche du four, et
qu'au lieu de cendres, on obtient pour résidus du menu
coke, qui peut servir à l'alimentation des foyers domes-
tiques, des chaudières à vapeurs ou d'autres foyers. Ce
fait constitue une perte considérable de combustibles,
puisque le calorique renfermé dans le coke est resté sans
emploi pour le four.

Malgré les grands avantages que le *four à chaleur
concentrée* offre sur les *fours à grilles vives* munis
d'une cheminée à manteau, on conçoit qu'il est néanmoins susceptible de recevoir d'autres améliorations, que
nous nous réservons de signaler plus tard.

Pendant toute la durée de la fusion les ouvreaux, ainsi
que les orifices des pots restent fermés hermétiquement,
au moyen de plaques ou de bouchons en terre réfractaire cuite ; on les éloigne seulement pendant l'enfournement des matières vitrifiables et pendant le travail.

Quoique ces fours ne soient actuellement en usage que
dans les verreries à gobeleterie et à mi-cristal, leur application à la fabrication du verre à vitres et des glaces cou-
lées nous paraît offrir de grands avantages sur les fours
de fusion et sur les générateurs à *grille vive*, si l'on
compare la faible consommation de houille des premiers
à celle qui se fait dans ces derniers, laquelle est pour la
même quantité de verre en moyenne de 6,000 kil. par
fonte.

Dans ces fours à chaleur concentrée, on peut aussi bien

employer des pots ouverts que fermés; car on se sert
des premiers lorsqu'ils marchent au bois; il suffit
alors de maintenir les ouvreaux fermés pendant toute la
durée de la fusion du verre et de régler en conséquence
l'affluence du volume d'air atmosphérique suivant les
besoins de ce combustible.

En fondant dans ces fours à creusets ouverts des
compositions vitrifiables au sulfate de soude ou au sel
marin, il est évident que la durée de la couronne serait
de beaucoup abrégée; ce qui n'empêcherait pas leur
emploi, puisqu'on sacrifie actuellement dans une campagne de 9 à 11 mois un four à *grille vive* qui coûte le
double d'un four rond à chaleur concentrée.

Si l'on voulait cependant appliquer ce système sans
aucun changement à la fabrication du verre à vitres et
fondre dans des pots couverts, il faudrait exécuter le
travail du verre dans des *fours auxiliaires, à tambour*, qui ont été décrits à la page 181 du *Verrier du
XIX*e *siècle.*

Comme chaque pot a sa portine, la mise de pots offri-
rait beaucoup plus de facilité que dans les fours ordinaires, puisque les places élevées au-dessus de la sole de
la halle ne se trouveraient plus autour du four de fusion,
mais bien aux fours à tambour.

Quant à l'application des *fours à chaleur concentrée*
aux générateurs à glaces, il n'y aurait pas le moindre
inconvénient, puisque les niveaux des siéges et du pavée
de la halle se trouvent dans le même plan.

Lorsqu'on veut multiplier le nombre des pots dans
ces fours, il y a avantage à leur donner une forme ovale,
parce qu'ils offrent ainsi une plus grande surface de

chauffe que les pots ronds et ne dérangent pas le rapport
entre l'espace libre dans l'intérieur du four et celui
occupé par les pots.

LE FOUR A CHALEUR CONCENTRÉE ALIMENTÉ AU BOIS et
contenant des creusets ouverts est en tout semblable au
précédent, duquel il ne diffère que par la disposition du
foyer qui, au lieu d'une grille, en a deux, mesurant chacune 0^m,50 sur 0^m,40, séparées par un pont creux, garni
de soupiraux par lesquels une portion de l'air nécessaire
à la combustion, arrivant du cendrier, s'écoule dans le
foyer.

Sous les grilles, qui peuvent être d'une seule pièce, en
terre cuite, règne un réservoir fermé partout, communiquant avec le cendrier par deux trous de 0^m,20 carré,
munis de registres qui servent à la fois d'issue à la braise,
que l'on reçoit de temps à autre dans des étouffoirs
déposés dans le cendrier ou cave, et de prise d'air nécessaire à la combustion.

Dans ce four à bois, comme aussi dans celui à houille,
décrit ci-dessus, on affecte, dans les gobeleteries, deux des
cheminées auxiliaires au chauffage du four à galerie, à
recuire le verre établi à une petite distance de la couronne. Cette galerie, partant du four à recuire, se pro-
longe jusqu'au magasin, situé au premier étage d'un
bâtiment contigu à la halle. Elle est supportée par des
colonnes et contient un train de 16 chariots de 0^m,80 sur
0^m,60 en tôle forte, et à un seul essieu chacun, fixé sous
la partie antérieure du fond, et muni de deux galets;
accrochés ensemble, ces chariots, s'appuyant l'un contre
l'autre, forment un train complet, roulant sur une voie
ferrée et destiné à recevoir les marchandises soufflées ou

3*

moulées dans le but de leur donner un recuit parfait et économique.

Quoique appliqué dans la description ci-dessus à la fusion du verre, ce système *de fours à chaleur concentrée* pourrait être employé très avantageusement dans les industries métallurgiques et les fabriques de produits chimiques, notamment là où la chaleur doit agir, soit par la réverbération directe sur les corps à traiter, étalés à nu ou dans un milieu quelconque sur l'aire du four, tels que les fours à réchauffer, à puddler le fer, à griller les minerais de plomb, de cuivre, à calciner, etc., soit par la transmission et le rayonnement sur des creusets, des cornues ou d'autres vases qui renferment les corps à traiter par la chaleur, comme la fusion de l'acier fondu, du cuivre, la distillation de la calamine, l'évaporation du sucre, des sels, etc.

Nous enseignerons plus tard l'application spéciale de la chaleur concentrée à la plupart des appareils de chauffage précités lorsque nous aurons terminé l'étude, que nous allons continuer, de toutes les sources d'économie dans la dépense du combustible.

VI

De l'emploi utile du calorique perdu.

On évalue à *deux tiers* le calorique qui s'échappe ordinairement par la cheminée des appareils de chauffage, tandis qu'*un tiers* seulement y est employé utilement. Il est donc essentiel de chercher un moyen d'éviter cette perte énorme.

A la page 226 de notre ouvrage précité, nous avons développé plusieurs modes par lesquels on peut profiter de ce calorique perdu ; entre autres celui d'installer une série d'autres appareils sur les conduits qui doivent amener les gaz brûlés dans la cheminée d'appel dans l'ordre de leurs besoins de chaleur ; c'est-à-dire, qu'on placerait le plus près du four de fusion les appareils qui auraient besoin de la plus haute température, et le plus loin de lui, ceux qui exigeraient la plus basse température ; il est évident qu'on pourrait absorber et utiliser tout le calo-

rique et rendre à la cheminée des gaz réduits à une basse
température.

Cependant, comme on réalise la plus grande économie
de combustible en rendant à l'appareil lui-même la chaleur qu'il aura perdue, il faut que l'industriel cherche par
tout les moyens possibles d'atteindre ce but, avant de
s'occuper à lui trouver un autre emploi utile.

Il y a beaucoup de moyens de parvenir à ce résultat.

Par la description de l'appareil d'évaporation (à la
page 21 du *Verrier du XIXe siècle*), on a vu retourner
le calorique perdu à l'appareil lui-même, en conduisant
les vapeurs par un serpentin, plongé dans les liquides à
concentrer; le calorimètre de Rumford en offre un autre
exemple.

L'appareil de M. Beaufumé, consistant à envelopper
son générateur à gaz en tôle d'une autre caisse plus
grande et de remplir le vide produit entre les parois
d'eau destinée à fournir de la vapeur de haute pression, démontre jusqu'à l'évidence comment la chaleur
perdue par la transmission du générateur à gaz peut être
rendue d'une autre manière à l'appareil, en lui fournissant la force motrice nécessaire à l'injection de l'air
atmosphérique, après que celui-ci a été lui-même surchauffé par le calorique perdu du four dans lequel l'effet
utile de la chaleur doit se produire. Mais rien dans cet
appareil n'empêche les gaz brûlés, dont la température
est fort élevée, d'arriver dans la cheminée sans être dé-
pouillés de leur calorique, résultat important qu'on
obtient par l'appareil suivant.

VII

Le système de régénération de la chaleur perdue.

Inventé par les frères MM. C. W. Siemens et F. Siemens, ce système vient heureusement fournir un moyen sûr d'abaisser considérablement la température de l'air brûlé au profit de l'appareil lui-même qui a fourni la chaleur, après qu'il y a produit son effet utile.

Ces messieurs ont appliqué aux fours à puddler le fer leur système qu'ils appellent improprement *régénérateur*.

De vastes réservoirs à grande superficie, dans lesquels deux séries distinctes sont disposées, contiennent une multitude de contrariétés disposées de manière que l'air froid est forcé de parcourir l'une des séries, pendant que les gaz brûlés parcourent l'autre série avant de s'échapper par la cheminée. La première se refroidit en com-

muniquant sa chaleur à l'air froid qui arrive ainsi surchauffé dans le foyer ; la seconde s'échauffe au contraire
par le passage des gaz brûlés qui y déposent leur calorique
et arrivent refroidis à la cheminée. D'heure en heure de
travail, on intervertit les courants et le phénomène se
reproduit dans les séries de contrariétés opposées.

Une note publiée en août 1857 dans le *Civil ingineer
and architect's Journal, etc.*, page 265, constate qu'un
four ordinaire construit aux forges de MM. Marriott et
Atkinson, à Sheffield, pour chauffer l'acier et le fer, et
auquel on avait appliqué ce système, a donné une économie de 79 pour cent de combustible sur le même
travail produit dans les fours à chauffer ordinaires. — Ce
système a été appliqué plus tard, à Bolton, aux fours à
puddler le fer avec le même succès économique. —
Dans une assemblée des ingénieurs mécaniciens, à Man-
chester, M. Atkinson a communiqué une note consta-
tant que la consommation de houille pendant 6 jours,
dans un four établi d'après la méthode Siemens, ne s'est
élevée qu'à une tonne 10 quint., tandis qu'elle a été,
dans les fours ordinaires, pour le même produit de travail, de 7 tonnes de houille. Il évalue la durée du nouveau four à trois fois celle des fours ordinaires.

Comme nous donnerons plus loin une autre combinaison pour utiliser la chaleur des gaz brûlés au moment
de leur sortie du four et dont la température a été évaluée à 1648° cent., nous croyons utile d'offrir d'abord au
lecteur une description de l'appareil de MM. Siemens
appliqué à un four à réchauffer le fer.

La figure 4, planche I, représente la coupe en élévation suivant la ligne BA, la figure 5, la coupe horizontale,

et la figure 6, la boîte en fer au moyen de laquelle on intervertit les courants.

P l'aire du four, où sont déposés les paquets de fer ; de chaque côté d'elle sont situés deux foyers QQ', séparés de P par les deux ponts CC'.

Les foyers sont en communication avec les *régénérateurs* RR' : chacun d'eux est composé d'une maçonnerie en briques de façon à former une série de murs parallèles à claire voie, *rr'*. Les ouvertures d'un mur sont en regard des portions pleines du suivant, et ainsi de suite pour tous les autres murs. D'après cette disposition, l'air chaud, en se rendant à la cheminée d'appel, ne peut pas suivre le chemin le plus court, mais il est forcé de circuler par toutes les contrariétés ainsi établies.

Ces régénérateurs communiquent de l'autre côté avec les canaux *ii'* qui aboutissent dans l'espace V commun aux deux. Celui-ci est une boîte carrée en fer, ayant seulement deux parois pleines, savoir : le devant *t* et le derrière *s* ; les deux côtés opposés communiquent avec les canaux *ii'* ; le dessous aspire l'air de l'extérieur et le dessus S est réuni avec la cheminée d'appel. Une barre de fer *l* traverse le centre de la paroi postérieure S, de la boîte et son bout pivote dans la paroi antérieure *t* ; un levier *n*, muni d'un contre-poids *p*, est fixé au bout postérieur de la barre, sortant par derrière.

Cette barre porte dans l'intérieur de la boîte une vanne *m* qui touche avec ses bords de près les parois pleines *s*, *t*, et qui a pour but d'intervertir à volonté les deux courants d'air froid et d'air brûlé, suivant la position diagonale qu'on lui aura donnée. La figure 6 représente cette boîte avec ses détails sur une échelle plus grande. C'est ainsi que, suivant la position figurée de la vanne, l'air froid pénètre par-dessous dans la boîte V, il parcourt le canal i', et se dirige, comme l'indiquent les flèches, par le régénérateur R', par le foyer Q', par le four P, par le foyer Q, par le régénérateur R et par le canal i, pour repasser derrière la vanne m, par la boîte V, dans la cheminée S.

On introduit par l'ouverture b', fermée au moyen d'une porte g', du combustible incandescent dans le foyer A' ; sa combustion a lieu par suite du courant d'air qui se produit dans la direction indiquée. La chaleur se répand dans l'espace P et les fluides gazeux brûlés s'échappent par la cheminée, après avoir parcouru les contrariétés du régénérateur R, où ils se refroidissent considérablement en imprégnant les briques de calorique, de manière que sa partie la plus proche du canal h s'échauffe le plus, la partie du milieu moins, et celle le plus près du canal i le moins. Après une heure de travail on change la position de la vanne de manière qu'elle partage la boîte V en deux compartiments suivant l'autre digonale, et on introduit du combustible dans l'autre foyer Q. Le courant d'air prend alors une direction opposée dans le four, c'est-à-dire, l'air froid extérieur pénètre dans la boîte V, traverse le canal i et passe de là par les contrariétés R vers Q, où il entretient la combustion. Le four P est donc chauffé par Q, et l'air brûlé s'échappe par la cheminée après avoir traversé les espaces Q',R' et i'.

Comme l'air d'alimentation du combustible avant d'arriver à sa destination traverse le régénérateur R, il retire à celui-ci peu à peu la chaleur en se chauffant au passage, en sorte qu'il atteint une haute température lorsqu'il arrive dans le foyer Q, d'où il résulte une plus forte chaleur que si l'air froid y avait afflué. Pendant le même moment, l'air décomposé, chargé d'autres gaz incombustibles, réchauffe le régénérateur R' plus que pendant la première période, parce que la chaleur aura acquis, depuis l'intervertissement du courant, une plus haute température que pendant la première période d'une heure. C'est ainsi qu'en intervertissant d'heure en heure le courant, on parvient à produire, avec une faible quantité de combustible, toute proportion gardée, une chaleur qu'on ne saurait atteindre en employant de l'air froid.

Qu'on produise dans le four une plus ou moins grande chaleur, on ne s'aperçoit, à part le rayonnement, d'aucune perte du calorique, car la température des fluides gazeux brûlés au moment de quitter le régénérateur ne dépasse jamais celle de 140° centigr.

Ce système de régénération peut être employé avec les mêmes avantages dans tous les fours où on doit produire une haute température. C'est donc une autre source d'économie de combustible que nous mettrons à profit dans le modèle suivant de four de fusion.

VIII

Four de fusion à chaleur concentrée avec application de la chaleur perdue.

Nous croyons être agréable à nos anciens confrères en leur offrant la description d'un four à chaleur concentrée auquel le système de la régénération de la chaleur, que nous venons de développer, se trouve appliqué sans encombrement de la halle, mais de la manière la plus simple et la plus rationnelle.

Nous nous servirons du modèle de four déjà décrit et représenté par les figures 2 et 3; il suffit d'un regard pour comprendre les figures 7 et 8 qui donnent les détails d'un four de fusion, soit à *chaleur concentrée*, soit à *gaz*, auquel le mode de *récupération de la chaleur perdue* est appliqué; à toutes ces figures les mêmes chiffres indiquent les mêmes objets. Pour éviter une multiplication de dessins, les coupes de plusieurs par—

ties y sont données à la fois, quoiqu'elles soient situées
dans des plans divers, ce qui ne les empêchera pas d'être
intelligibles pour le lecteur.

Au lieu d'un seul tuyau, chacune des cheminées auxiliaires, adossées contre les piliers du four, en a deux F et S
(voyez *fig*. 13, pl. II), dont les entrées sont situées au
pied et cela de chaque côté des piliers du four, au niveau
du pavé de la halle. Chaque portine a un trou au milieu
de son bord inférieur et également au niveau des siéges
ou du pavé de la halle. Devant le trou de chaque portine
on dépose une boite H, qui communique, à gauche et à
droite, avec les entrées des cheminées F et S. Ces cheminées servent alternativement à deux fins, savoir : quand
tous les tuyaux F attirent les gaz brûlés du four, vers la
cheminée d'appel, tous les tuyaux S amènent l'air atmosphérique nécessaire à la combustion sous la grille,
lorsque le four en a une, ou bien dans le foyer, lorsque le four marche au gaz : les courants sont descendants
dans ces derniers S, et ascendants dans les premiers F.
Après une heure de combustion, on intervertit ces courants de manière que les tuyaux F, étant devenus chauds,
aspirent à leur tour l'air froid, auquel ils rendent la chaleur
absorbée des courants chauds, et les tuyaux S fonctionnent en guise de cheminées pour absorber de la chaleur
pendant une heure, et pour la rendre, à leur tour, à l'air
froid pendant la période suivante de l'interversion des
courants. Il s'agit donc d'établir un moyen quelconque
qui permette de changer à volonté les courants dans les
tuyaux FS.

On y parvient de la manière suivante :

Devant chaque trou G des portines, on perce à travers

la maçonnerie de fondation un tube vertical T jusqu'en
contre-bas de la grille, que l'on conduit de là horizontalement dans le cendrier encaissé et clos, comme il a été
expliqué pour les fours à bois. Tous ces tubes conver-
gent vers ce réservoir à air clos et sont destinés à fournir
l'air chauffé en quantité nécessaire pour obtenir une parfaite combustion dans le four.

Chaque orifice d'entrée de ces tubes à air T se trouve
au milieu des boîtes H qui sont pourvues chacune d'une
vanne U, disposée de manière qu'elle établit la communication de la chaleur sortant du trou G de la portine
avec le tuyau F de la cheminée, en couvrant la moitié de
l'orifice du tube à air T respectif; l'autre moitié ouverte
attirera l'air par le tuyau S. Lorsqu'on change la position
des vannes de manière à intervertir les courants, les gaz
brûlés se dirigent en montant par les tuyaux vers la cheminée d'appel M, et en même temps l'air nouveau, chauffé
sur son passage, passe par les tuyaux FS en se dirigeant, par les mêmes tubes T, dans le cendrier clos. Les
tiges de toutes les vannes sont réunies au moyen d'une
chaînette en fer, ce qui permet de les mouvoir ensemble,
n'importe de quel côté qu'on l'attire.

Les figures 10 et 11, planche I, donnent les détails de
la boîte H et de la vanne U, fermant à moitié l'orifice du
tube vertical T.

Cette alternation des courants dans les tuyaux FS et
T n'aura pas lieu, tant qu'un autre appareil complémentaire du système, et que nous appelons *distributeur*,
n'aura pas été établi au sommet de la couronne du four
dessous le fond de la cheminée d'appel M. Avant de passer à sa description, il est nécessaire de décrire les lieux

où aboutissent les tuyaux FS, avant de communiquer avec
la cheminée d'appel, et de quelle manière on peut créer
à chacun d'eux une foule de contrariétés ou de canaux
continus que les fluides gazeux sont forcés de parcourir
avant de verser, les uns les gaz brûlés dans la cheminée
d'appel, et les autres d'aspirer l'air froid nécessaire à la
combustion.

La figure 7 représente le réservoir indépendant de
la couronne où la chaleur perdue des gaz brûlés est re-
cueillie ; il consiste en plusieurs séries superposées de
contrariétés qui sont établies au-dessus du four ; elle
donne en même temps la coupe à travers les boîtes H et
les tuyaux de cheminées F S, ainsi que la face supérieure
du fond du distributeur au centre de la couronne, quoique ces objets soient situés dans des plans divers.

Les figures 8 et 9, planche I, donnent un aperçu, en
plus grande dimension, des détails qui constituent le
registre *distributeur*.

On remarquera que chacun des tuyaux F et S aboutit
dans sa série de contrariétés établies sur la couronne du
four, et qui sont au nombre de seize pour un four à huit
pots. Les trois ou cinq couches superposées de canaux
en serpentin sont séparées entre elles par des plaques
minces en terre cuite et disposées de manière que la
série inférieure communique avec son tuyau F ou S correspondant, tandis que la série supérieure aboutit dans
l'une des échancrures *f*, ou bien dans l'un des trous Z
du fond du distributeur, formant ainsi seize conduits
sans solution de continuité, dont les orifices d'entrée se
trouvent en F ou S et ceux de sortie en *f* ou Z, où ils
aboutissent tous au centre de la couronne.

Ce distributeur est composé de deux pièces tubulaires à rebord. La pièce supérieure 39 entre avec son collier dans la cheminée d'appel M, ouverte par-dessous; elle y est fixée par deux boulons 40 traversant en croix la cheminée et le collier. Le rebord horizontal de cette pièce 39 porte huit petits boulons verticaux fixes, au moyen desquels la pièce 38 est suspendue, de façon qu'elle puisse faire un seizième d'évolution autour du centre de la cheminée d'appel. On obtient ce mouvement circulaire par huit trous voyageurs, tracés du centre de la cheminée et se trouvant dans le rebord horizontal supérieur de la pièce 38 ; ces trous sont traversés par les huit boulons fixes qui servent ainsi et de guides et de moyen de suspension. Cet appareil forme le fond mobile de la cheminée d'appel M, qui elle-même est supportée par les travures en fer à double T 42, afin de la rendre indépendante de la couronne du four.

Le fond du distributeur est un disque à claire-voie, dont la face supérieure est unie et percée de huit trous Z, donnant passage à l'air brûlé dans la cheminée d'appel (voyez *fig.* 9). Le pourtour *s, s,* du disque porte dans le même plan horizontal huit échancrures *ff* par lesquelles l'air froid pénètre dans les séries de contrariétés respectives; ce disque porte à sa surface inférieure un rebord vertical annulaire mais ayant aussi huit échancrures *o, o,* formant ainsi huit vannes *n, n,* et huit ouvertures *oo ;* ces dernières, établissent les communications entre huit séries et les huit trous du fond *zz,* au moyen des huit saillies *ss,* qui couvrent les orifices des séries de contrariétés voisines; tandis que les intervalles *ff* du bord du disque découvrent les orifices des huit séries voisines par où l'air froid entre, puisque les vannes *nn* en interceptent en même temps la communication avec la cheminée.

La position du distributeur sur la couronne, indiquée par la figure 7, met tous les tuyaux F du four en communication avec les trous *zz* du distributeur, par conséquent l'air brûlé est forcé par la cheminée d'appel de sortir par les trous des portines, de traverser, dirigé par les vannes U, la moitié des boites H, de monter par les tuyaux et de se rendre dans la cheminée d'appel après avoir circulé dans les trois ou cinq séries superposées de canaux serpentins respectifs ; dans le même moment, l'air froid entre par les huit échancrures *ff* du distributeur, il poursuit sa course par les huit séries de serpentins, descend par les tuyaux S, parcourt l'autre moitié des boites H, suit les tuyaux T et arrive surchauffé dans le cendrier clos.

Aussitôt qu'on fait faire aux vannes U un quart de tour et au distributeur un seizième, les courants s'intervertissent subitement ; les courants ascendants deviennent descendants, et les courants descendants suivent une direction ascendante. Par cette alternation dans le mouvement de l'air froid et des gaz brûlés chauds, les conduits absorbent et rendent réciproquement le calorique perdu au four, d'où il résulte une très grande économie de combustible, puisqu'il n'y a plus de déperdition du calorique, et qu'au lieu de s'échapper inutilement par la cheminée, la chaleur retourne en plus grande partie à l'appareil qui l'a produite.

Lorsque le four est alimenté d'air au moyen d'un ventilateur, le distributeur est pourvu d'un réservoir à air dans lequel l'insufflation se fait. Ce réservoir consiste, dans ce cas, en une boite circulaire 44 (*fig.* 8), adaptée sur le bord du disque, dont les parties *ss* forment le fond, et les échancrures *ff* des ouvertures par lesquelles le vent s'échappe pour parcourir les séries de contrariétés chaudes.

IX

Des combustibles gazeux et des générateurs à gaz.

En traitant ci-dessus des fourneaux en général, nous avons signalé toutes les difficultés qui surgissent lorsqu'on veut combiner des appareils de chauffage à grille dans lesquels on se propose non-seulement de produire la plus parfaite combustion, mais aussi le plus grand effet utile du calorique sur les corps exposés à la chaleur.

La division en deux corps de nature différente que subissent les combustibles par la distillation, dont l'un *gazeux*, l'autre *solide*, exigeant simultanément tous les deux des quantités différentes, mais bien déterminées, d'air atmosphérique pour leur parfaite combustion, a opposé longtemps les plus grands obstacles à la solution du problème de la construction d'appareils de chauffage offrant, dans les différentes circonstances, des résultats permanents.

4

Instigués par cette instabilité, les ingénieurs les plus éminents se sont occupés avec persévérance à chercher les moyens d'éviter les nombreux écueils contre lesquels on se heurte à chaque pas. Chaque combustible exige, pour ainsi dire, un système différent d'appareils, suivant ses éléments constitutifs, et les positions topographiques de la plupart des usines ne leur permettent point d'adopter un appareil quelconque reconnu parfait et de chercher au loin le combustible d'une qualité spéciale pour laquelle le fourneau aura été combiné.

Après avoir reconnu que la parfaite combustion du gaz de carbone, mêlé d'hydrogène dans une faible proportion, n'offre pas toutes les difficultés que rencontre celle des combustibles solides à leur état naturel, on a pris le parti d'en extraire préalablement les fluides gazeux, pour les brûler ensuite dans des appareils de chauffage séparés, où ils doivent produire leur effet utile sur les corps à traiter par la chaleur.

Les gaz qui s'échappent du gueulard des hauts-fourneaux contiennent une quantité considérable d'oxyde de carbone que l'on a cherché à utiliser successivement pour l'échauffement de l'air des souffleries, le grillage du minerai, la production de la vapeur, le chauffage des fours à puddler le fer, et pour une foule d'autres appareils dans lesquels il s'agissait de produire une forte chaleur.

Pour atteindre ce but, il a fallu recueillir convenablement ces gaz, et trouver des moyens faciles pour les brûler dans des appareils souvent très éloignés des hauts-fourneaux.

Ces succès obtenus ont encouragé des ingénieurs intelligents non-seulement à perfectionner incessamment l'application de ces gaz, autrefois perdus pour l'industrie, mais aussi à transformer expressément des combustibles solides, presque sans emploi et sans valeur, quoique riches en carbone, en combustibles gazeux pour pouvoir les utiliser sous cette nouvelle forme, n'ayant pas pu les brûler dans leur état naturel sur la grille.

De tous les appareils de chauffage, c'est celui à gaz qui permet d'accomplir avec facilité et à point le mélange de la quantité d'air atmosphérique nécessaire avec les fluides gazeux combustibles dégagés par la distillation, ou, ce qui revient au même, par une combustion imparfaite.

Ce mode de chauffage appliqué par tâtonnements, depuis une vingtaine d'années, à un grand nombre d'industries, promet de se généraliser dans un prochain avenir, lorsque ces appareils seront mieux connus et que le public aura été bien éclairé sur tous les phénomènes qui se présentent pendant la combustion des fluides gazeux. C'est dans le but de contribuer à ces éclaircissements, que nous exposerons ces phénomènes, en donnant en même temps la description des détails qui doivent composer les appareils à gaz.

En combinant des appareils à gaz à l'usage des industries, il ne faut pas perdre un instant de vue les conditions capitales suivantes :

1° Produire sans interruption la quantité de gaz nécessaire au maintien d'une combustion permanente dans l'appareil de chauffage, pour y atteindre le degré de température voulue;

2° Eloigner toute cause de nature à provoquer des explosions;

3° Empêcher les cendres et la poussière d'être entraî-
nées par les fluides gazeux dans le four, où elles pourraient exercer une influence nuisible sur les corps à
soumettre à l'effet de la chaleur y développée.

4° Annihiler l'effet nuisible que les vapeurs d'eau
pourraient produire sur la combustion des fluides gazeux
combustibles, dans le cas où le combustible solide employé dans le générateur en contiendrait en trop grande
quantité.

Un appareil à gaz complet se compose, savoir :

Du générateur, semblable de forme à un haut-four-
neau, avec ou sans grille, dans lequel on introduit par le
gueulard une couche épaisse de combustible, que l'on
veut convertir en gaz de carbone par la distillation, ou par
une combustion imparfaite ;

De la prise de gaz, ou des conduits qui versent
dans le four le gaz obtenu dans le générateur ;

Des canaux, dans lesquels l'air atmosphérique se
chauffe à une haute température dans son parcours ;
et enfin

Des brûleurs, ou les orifices des conduits à gaz et
à air, criblés d'une multitude de trous, par lesquels
ces fluides s'échappent en jets ou lames minces, opérant
ainsi leur mélange intime au moment et dans les lieux
où la combustion doit s'effectuer.

DU GÉNÉRATEUR A GAZ ET DE SES DÉTAILS.

On a vu ci-dessus que la combustion est une combinaison des corps combustibles avec de l'oxygène ; qu'elle est

d'autant plus complète que cet élément arrive à point et en quantité nécessaire. Comme il s'agit d'entretenir dans le générateur une combustion imparfaite, mais suffisante pour produire une distillation totale des fluides gazeux contenus dans les combustibles solides qu'on y a introduits, phénomène qui se montre à la température de rouge vif pour la plupart de ceux que l'on emploie en industrie, il est donc important d'empêcher que les gaz de carbone et d'hydrogène, ainsi isolés par la chaleur, se consument dans le générateur même, comme cela a lieu dans les fourneaux ordinaires, mais d'en réserver la totalité pour la verser ensuite convenablement, et à mesure des besoins, dans le four, où ils doivent produire leur effet utile, et d'utiliser le calorique rayonnant que développe le combustible solide (charbon, coke) restant après la distillation, et qui se consume lentement sur la grille et sur l'aire du générateur, à élever la température des fluides gazeux eux-mêmes, qui en sont les dérivés. Par conséquent, il s'agit de régler à point l'arrivée de la quantité d'air atmosphérique nécessaire dans le générateur pour entretenir le degré voulu de température dans la couche inférieure en ignition.

Il y a plusieurs modes d'introduction de l'air atmosphérique dans le générateur; nous nous en occuperons plus tard.

Le gaz ainsi produit par une distillation incessante suit un mouvement ascendant, en traversant péniblement la couche épaisse du combustible encore inerte, et en rampant en même temps, mais plus rapidement, le long des parois du générateur, pour atteindre l'espace libre du sommet.

4*

Pour faciliter cette ascension, on établit perpendicu-lairement les parois intérieures du générateur; cette forme prismatique est préférable à la forme conique, ou à la forme pyramidale, parce que le gonflement auquel beaucoup de combustibles minéraux exposés à une forte chaleur sont sujets, peut s'exercer plus librement et sans rencontrer autant de résistance que dans les géné-rateurs insensiblement retrécis. vers leur sommet; les morceaux ne s'écrasent ni ne s'émiettent pas autant pendant cette expansion, puisqu'elle peut s'exercer vers le haut.

Une grande plaque en fonte, composée d'une ou de plusieurs pièces à recouvre-joints, ferme le gueulard du générateur. Elle repose dans un bon lit de mortier; les joints en sont également garnis.

Au centre du générateur il y a dans la plaque une ou-verture par laquelle on introduit les charges de combus-tibles au moyen d'un réservoir à double fond, appelé *trémie*. A côté de cette ouverture, au-dessus du conduit à gaz vertical, il y en a une autre, portant un couvercle à fermeture hydraulique et qui sert à la fois de soupape de sûreté et de trou d'homme pour effectuer les balayages dans l'intérieur. Une troisième ouverture, portant un tuyau de cheminée à registre, sert seulement pendant la mise en marche du générateur pour laisser échapper la fumée; on la ferme, lorsque le feu du générateur est bien allumé.

La trémie est un vase en fer d'une forme cylindrique, ou prismatique, semblable à la section du générateur, et ayant deux fonds mobiles. On y introduit le combustible destiné à l'alimentation du générateur ; pendant que le sommet de la trémie est ouvert, son fond inférieur doit rester clos ; après l'avoir remplie de combustible, on ferme le couvercle pour laisser tomber son contenu dans l'intérieur du générateur, en ouvrant le fond.

Le couvercle supérieur est semblable à la soupape de sûreté mentionnée ci-dessus ; c'est une boîte en fer renversée, dont les bords verticaux plongent dans une profonde rainure remplie de goudron et entourant extérieurement le bord de la trémie. Il est suspendu à une chaîne, passant sur une poulie fixe et portant à l'autre bout un contre-poids.

Quant au *fond mobile,* il importe beaucoup qu'il soit fait de manière à faciliter la distribution uniforme des charges, en répandant le combustible, dans sa chute, également partout.

C'est ordinairement un tiroir plat, en fer, dont une partie est pleine, tandis que l'autre est pourvue d'une ouverture à section égale à celle de la trémie qui est fixée dessus, de manière qu'on peut à volonté intercepter ou établir sa communication avec l'intérieur du générateur, suivant que la partie pleine couvre l'ouverture dans la plaque du gueulard, ou que la trémie se trouve au-dessus d'elle. Ce tiroir se meut avec la trémie en ligne directe, guidé par deux coulisses, fixées sur la grande plaque du gueulard, et cela au moyen d'une crémaillère, d'un pignon avec arbre à manivelle, ou bien, il pivote autour d'un point fixé, établi en dehors de la trémie sur la même plaque du gueulard.

Quelquefois le fond mobile inférieur en tôle a la forme d'un cône ou d'une pyramide à axe raccourci, suivant que la section de la trémie est ronde ou rectangulaire. Ce fond est fixé à une longue tige ronde en fer, traversant le centre du couvercle supérieur, et suspendue à la chaîne à contre-poids qui l'attire constamment contre l'orifice inférieur de la trémie pour en établir la fermeture. Là où cette tige traverse le couvercle supérieur, celui-ci porte un collier fixe avec une vis de pression, au moyen de laquelle ont peut fixer à volonté la tige.

Cette fermeture inférieure de la trémie remplit en même temps au mieux toutes les conditions désirables. D'abord la distribution du combustible s'effectue à souhait, ensuite le fond lui-même peut servir également de sonde ; car en le descendant jusqu'à un arrêt de la tige, indiquant la hauteur normale que le combustible doit atteindre dans le générateur, on peut à tout instant s'assurer si la précédente charge s'est abaissée au-dessous du niveau normal, et si le moment n'est pas venu de la renouveler.

Les fonds à tiroir, décrits ci-dessus, nécessitent une sonde séparée, qui consiste en une barre de fer ronde, passant dans un trou de la plaque du gueulard, et percée en dehors de la trémie. Elle doit servir en même temps pour casser les conglomérations qui peuvent naître dans la couche épaisse du combustible ; mais on doit en faire usage avec le plus grand ménagement, car en perçant ces croûtes de scories et en remuant rudement le combustible dans le générateur on produit momentanément un trop vif courant d'air qui soulève et entraîne une nuée de cendres et du poussier dans le four, dont la bonne allure est momentanément contrariée ; d'ailleurs, la plus grande quantité de ces corps menus en adhérant aux parois des conduits à gaz, tapissées de goudron et de fluides gluants, y formeraient des croûtes qui rétréciraient promptement leurs sections.

LA GRILLE ET SON CENDRIER, ouvert ou clos, selon les circonstances que nous allons exposer, constituent des parties essentielles du générateur ; car la grille a pour but de supporter le combustible, de l'alimenter d'air atmosphérique pendant qu'il est en ignition, et de l'entretenir en combustion lente et imparfaite.

Il y a plusieurs modes d'introduire l'air atmosphérique dans le générateur. L'un consiste à le faire arriver librement à travers la grille par le seul effet du tirage de la cheminée d'appel du four. Ce mode peut être suivi dans tous les cas où l'on dispose d'une haute cheminée d'appel et où l'on peut maintenir pour chaque espèce de combustible à employer l'épaisseur de sa couche dans le générateur à son minimum, de manière que le gaz s'y produise abondamment, sans qu'on soit exposé à y introduire de l'air en excès, ou non décomposé, pouvant donner lieu à des explosions. Il nécessite par conséquent une surveillance de tout instant et n'est recommandé que là où l'on brûle du combustible spongieux ou du bois sur une *grille à gradins*, parce que ce combustible, en briquettes ou scié en morceaux de 15 à 20 centimètres de longueur, peut être étalé sur la grille en couches fort puissantes sans intercepter le passage de l'air atmosphérique.

L'autre mode consiste à injecter mécaniquement de l'air chaud sous une faible pression dans le cendrier clos sous la grille lorsqu'on brûle dans le générateur de la houille, du lignite ou de la tourbe compacte ; ou bien au moyen de plusieurs tuyères, aboutissant au niveau de l'aire, si le générateur est dépourvu de grille, pour y brûler du combustible spongieux et exempt de matières susceptibles de former du laitier ou des scories, tel que le bois, la tourbe spongieuse, la tannée, la sciure mêlée d'ételles et de copeaux.

C'est donc la nature du combustible qui doit décider de l'établissement de grilles ou d'aires en briques réfractaires.

De la grille horizontale. — Entre toutes les grilles, la plus désavantageuse est la grille horizontale, parce que son entretien convenable présente beaucoup de difficultés, tant sous le rapport du nettoyage que sous celui de l'économie et de la sûreté ; d'abord elle laisse tomber à travers ses barreaux beaucoup d'escarbilles et de combustible inaltéré, surtout si c'est de la houille sèche ou du lignite qui se réduisent en menus morceaux à la chaleur ; elle nécessite ensuite une section du générateur directement en rapport avec sa superficie, ce qui le rend trop volumineux, et l'établissement d'un cendrier clos devient plus embarrassant ; en général l'une et l'autre sont soustraits à la surveillance du chauffeur ; par ces motifs l'usage de la grille horizontale pour les générateurs est tombée en désuétude. La figure 14, planche III en donne l'idée.

A, l'intérieur du générateur, B la grille horizontale, D cendrier clos renfermé dans la chambre d'air E, dont le vent passe par les ouvertures C dans le cendrier.

Les grilles a gradins fortement inclinées méritent

la préférence ; exemptes des défauts signalés dans les grilles horizontales, elles offrent au contraire de grands avantages et de la sécurité. La production du gaz y est plus abondante par suite de la grande surface libre qu'elles offrent au combustible en ignition à l'égard de la section transversale du générateur, laquelle est égale à la cathète de base du prisme, formé par l'aire, la face verticale et la grille inclinée pour hypoténuse.

Elles ne présentent aucune difficulté de nettoyage, puisqu'on a constamment sous les yeux toutes leurs parties, si la combustion a lieu à l'air libre et à cendrier ouvert ; on s'aperçoit de suite, et cela sans un sondage préalable, si la couche de combustible n'est plus suffisamment épaisse, ce que l'on reconnaît à l'apparition d'une multitude de jets de petites flammes bleues aux gradins supérieurs de la grille. Quand ce phénomène se produit déjà au premier gradin, on doit promptement obstruer celui-ci au moyen de briques et de mortier d'argile ; en continuant l'obstruction successive de haut en bas des gradins à mesure que les flammes bleues apparaissent à de longs intervalles, il est évident qu'on peut marcher très longtemps avec la même charge, qu'il aurait fallu renouveler immédiatement à la première apparition des flammes bleues, si la grille n'avait pas été bouchée partiellement, ou bien si elle avait été *horizontale*, au lieu d'être *inclinée*.

Si l'on négligeait d'obstruer ces gradins légèrement flamboyants, l'air atmosphérique inaltéré s'introduirait dans le réservoir à gaz et produirait infailliblement une explosion.

L'espace prismatique sous la grille inclinée, sert de

cendrier aussi bien aux générateurs à air libre qu'à air injecté mécaniquement ; pour ces derniers on n'a qu'à le clore, et à ménager, dans sa face verticale et auxiliaire, des portes et des regards, fermant hermétiquement, ainsi qu'à appliquer les tuyères à vent.

Ces grilles à gradins consistent en larges lames de fer non corroyé, laminées et superposées horizontalement, dont les extrémités glissent dans des coulisses horizontales, ménagées dans les parois latérales de la maçonnerie ; leur ensemble représente une échelle de meunier.

Une disposition aussi simple permet de remplacer promptement, sans influence sur la marche du générateur, les lames pliées ou brûlées.

Au lieu de former la grille avec des lames de fer, on peut aussi la construire en briques réfractaires tubulaires ou plates. Dans ce cas, tout la superficie de la grille est composée par des séries superposées de carnaux à sections rectangulaires, résultant du creux des briques tubulaires, ou bien de l'agencement convenable de briques pleines.

Ces grilles inclinées, en terre réfractaire cuite, sont d'un excellent usage, lorsqu'on alimente le générateur avec du bois, ou avec tout autre combustible qui ne produit pas de laitier, ni de scories, et que l'air atmosphérique y arrive librement.

Le tableau suivant indique, pour chaque combustible à employer dans le générateur à grille à gradins, l'épaisseur moyenne de sa couche à partir du gradin supérieur, et cela pour l'alimentation d'air libre et d'air injecté.

NATURE DU COMBUSTIBLE.	HAUTEUR DE LA COUCHE Pour l'air arrivant par	
	Aspiration.	Injection.
Houille de bonne qualité....	$0^m,66$	$0^m,75$
Lignite parfait.............	$0^m,64$	$0^m,72$
Lignite imparfait humide....	$0^m,62$	$0^m,70$
Lignite dº sec.........	$0^m,68$	$0^m,76$
Tourbe compacte, en briquettes...............	$0^m,70$ à 80	$0^m,85$
Tourbe songieuse, en briquettes................	$1^m,20$	$1^m,40$
Tannée, en briquettes......	$1^m,00$	$1^m,15$
Sciure mêlée de copeaux et d'ételles..............	$1^m,20$	$1^m,40$
Bois desséché à l'air et coupé en morceaux de 20 c..	$1^m,10$	$1^m,30$

On construit le générateur en briques ordinaires avec du mortier composé d'argile et de menue paille de froment, laquelle l'empêche de se gercer à la chaleur; ce mortier simple et économique a été consacré par l'expérience. On l'emploie assez mou pour qu'il jaillisse des joints lorsqu'on pose les briques les unes à côté des autres.

Toutes les parties des parois qui sont en contact avec le combustible en ignition doivent être édifiées en briques réfractaires.

Il va sans dire que toute la maçonnerie doit être exé-

cutée avec grand soin, afin d'éviter la production de
joints pouvant donner passage à l'air atmosphérique.
Pour éviter que des lézardes et des déchirures se produisent dans la maçonnerie par l'effet de la dilatation à la
chaleur, on établit une chemise en briques dans l'intérieur du générateur, de manière qu'il se forme entre elle
et la maçonnerie extérieure un espace vide de 5 centimètres, qu'on comble de sable mouvant et damé, destiné à empêcher les infiltrations de l'air atmosphérique.
La largeur d'une brique à plat suffit pour l'épaisseur
de la chemise, tandis que l'enveloppe extérieure exige
au moins une épaisseur égale à la longueur d'une brique
et demie, le tout parfaitement jointoyé et consolidé au
moyen d'ancrages avec des plaques et des barres de fer.

On obtient du gaz sans interruption et en quantité
suffisante, lorsqu'on dispose de deux générateurs, dont
les prises de gaz se réunissent en un seul conduit principal, de sorte qu'ils peuvent agir simultanément ou
alternativement suivant les besoins ; avec ce système de
prévoyance on peut parer à tous les événements sans être
arrêté dans la fabrication. On les adosse l'un contre
l'autre pour faciliter la surveillance des grilles et l'alimentation par le même chauffeur.

Chacun d'eux doit être assez spacieux pour pouvoir
fournir la quantité de gaz nécessaire à une marche continue pendant douze à seize heures pour les verreries ;
néanmoins on peut introduire de temps à autre des
charges par la trémie pendant ce laps de temps, en ayant
toutefois soin de les faire coïncider avec certaines phases
de la fabrication, où les cendres voltigeantes ne peuvent
exercer nul effet nuisible sur le verre, telles qu'enfourne-

ment des matières vitrifiables dans les pots, tise–froid et autres. Lorsqu'on se sert de pots couverts ces précautions deviennent inutiles, comme aussi pour l'exercice de la plupart des autres industries ; les charges peuvent se succéder suivant les besoins, que la sonde indiquera, et par conséquent les générateurs peuvent être plus petits. Mais en employant des pots couverts on renoncerait à l'un des grands avantages qu'offre la fabrication au gaz ; l'effet utile que produit la réverbération directe des flammes sur la superficie du verre échapperait certainement.

Le volume de gaz à produire dans un temps donné dépend non-seulement du volume et de la nature du combustible à distiller dans ce même temps, mais aussi de la superficie de la grille et du volume d'air injecté qui aura été entièrement décomposé par le combustible en ignition.

Comme l'économie en combustible, résultant de sa transformation préalable en gaz, varie entre 35 et 50 % suivant la nature du combustible employé et selon que l'appareil de chauffage à *grille vive,* dont on s'est servi antérieurement, a été plus ou moins bien calculé, il est aisé de déterminer à peu près la quantité de combustible nécessaire pendant un laps de temps donné, ainsi que les dimensions que devront avoir l'espace intérieur du générateur et l'étendue de la grille, en défalquant ces 35 à 50 % de la consommation antérieure connue par expérience. Nous faisons observer que trop d'espace du réservoir à gaz dans le générateur au-dessus de la hauteur normale du combustible ne nuit jamais, puisqu'il est comparable aux générateurs à vapeur, qui sont d'autant plus économiques qu'ils sont plus vastes. Dès que le générateur à

gaz est bien étanche, il n'y a .rien à craindre avec un
vaste réservoir, car on en règle à volonté l'écoulement et
la dépense au moyen de registres.

Les grandes grilles sont plus avantageuses que les petites, par la raison que celles-ci demandent souvent que
le feu en soit forcé, ce qui peut entraîner des accidents,
tandis qu'on peut boucher ou obstruer celles-là, si la
production du gaz devenait par trop abondante.

Quant au générateur, la forme prismatique à base de
rectangle est, nous l'avons déjà dit, la plus convenable,
non-seulement par les motifs signalés ci-dessus, mais
à cause de sa construction plus facile et économique, et
de l'aisance qu'elle offre à l'installation d'une grille étendue ainsi que de son cendrier.

Il y a des verreries, dont le four de fusion est dépourvu de cheminée d'appel, et où l'on alimente néanmoins le générateur a cendrier ouvert au moyen d'un
ventilateur aspirant, intercalé dans le conduit à gaz principal entre le générateur et le four de fusion; ce ventilateur, surmonté d'un couvercle de sûreté à fermeture
hydraulique, servant au nettoyage intérieur, produirait
évidemment un effet plus utile, s'il était placé à l'issue
des gaz brûlés du four de fusion lui-même; car par la
première disposition on est obligé de chauffer le four au
bois pendant le travail du verre, et la combustion parfaite
du gaz ainsi que son effet utile sont presque impossibles
à produire dans le four, vérité que l'on reconnaîtra en
refléchissant sur les causes relatées ci-dessus qui produisent la chaleur concentrée.

La prise du gaz doit avoir lieu dans les régions su-

périeures du réservoir à gaz, soit au centre de la grande
plaque qui recouvre le gueulard, soit latéralement, immédiatement au-dessous d'elle, puisque tous les fluides
gazeux y montent naturellement.

Dans le premier cas, on peut remplacer la trémie par
une boîte à grand diamètre, au centre de laquelle passe
le tube par lequel le gaz doit s'écouler, de manière qu'il
existe un espace annulaire autour de celui-ci, et dont
l'ouverture inférieure est close par un fond mobile annulaire à vive arête au milieu qui a deux plans inclinés,
dont l'un verse vers le conduit à gaz et l'autre vers les
parois intérieures du générateur; il représente, vu en
coupe, un angle obtus ∧. Ce fond annulaire est suspendu à un levier fourchu à bascule et sert de distributeur des charges de combustible, qu'on étale dessus
et qui a le temps de se dépouiller de la plus grande quantité d'humidité qu'il renferme, par suite de l'effet produit sur lui par le rayonnement de la chaleur. Pour introduire la charge dans le générateur, on n'a qu'à couvrir
l'orifice supérieure de la boîte annulaire de son couvercle de même forme et décrocher le levier; le combustible déposé sur le fond mobile glissera à la fois vers le
centre et vers les parois du générateur, en suivant ses
deux plans inclinés divergeant et convergeant. Ce mode
est fort dispendieux et par conséquent peu employé.

Dans le deuxième cas on emploie la trémie simple décrite ci-dessus, et on établit le conduit à gaz principal
dans la face du générateur opposée à la grille. Ces conduits peuvent être faits indifféremment en fonte ou en
maçonnerie, mais ils doivent être assez spacieux pour
qu'un homme puisse s'y introduire en rampant, à l'effet

de pouvoir facilement les nettoyer de temps à autre ;
sans cette précaution, ils finiraient par se rétrécir insensiblement, jusqu'à leur entière obstruction, par suite des
dépôts considérables que le goudron et les cendres y forment en peu de temps.

Il a été enseigné ci-dessus que le goudron et les gaz
oléfiants sont les premiers résultats de la distillation ; il
s'en suit que ces liquides se condensent les premiers
lorsqu'ils parcourent les canaux froids. Comme la maçonnerie est un mauvais conducteur du calorique et
qu'elle conserve par conséquent plus longtemps la chaleur que le fer, elle est par ce motif, ainsi que par suite
de sa modicité de prix, préférée pour l'établissement des
conduits à gaz. Pour y faciliter l'écoulement du goudron,
on donne une pente verticale à la partie la plus proche
du générateur, dont on termine le fond par un entonnoir
en fer à long tube, plongeant dans un réservoir qui contient de l'eau et qui est destiné à cueillir le goudron à
mesure qu'il se produit. L'embouchure supérieure de
l'entonnoir est garnie d'une gouttière servant de fermeture hydraulique, dans laquelle plonge le rebord d'un
couvercle à cloche ; ce rebord est crénelé, et le rebord
extérieur de la fermeture hydraulique est beaucoup plus
saillant que celui de l'intérieur, et celui-ci dépasse en
hauteur les crénelures de la cloche ; par ces dispositions
le goudron remplit constamment la gouttière à plein bord,
et peut déverser dans le réservoir, sans que le gaz puisse
l'y suivre.

Pour retenir la plus grande quantité de poussière dans
un espace réservé, on forme un puisard dans la partie
inférieure de ce canal vertical, en établissant l'orifice du

canal horizontal commun à deux générateurs jumeaux à
50 centimètres au-dessus de son fond. Au milieu de ce
canal on réserve un autre puisard mitoyen, de la même
profondeur, dans lequel prend naissance le conduit principal à gaz. Suivant que le combustible produit plus ou
moins de poussière, on doit établir ces chambres plus ou
moins vastes et contrarier le courant du gaz, afin d'atteindre le but désiré.

Chacun des conduits verticaux est pourvu d'un trou
d'homme recouvert d'une cloche à fermeture hydraulique ; un registre, également à cloche et à fermeture, se
trouve immédiatement dessous l'écoulement latéral du
générateur, communiquant avec le canal vertical ; il remplit exactement la section de celui-ci, de manière qu'il
retient le gaz dans le générateur sous la grande plaque
du gueulard, lorsqu'il est abaissé ; il donne au contraire
passage au gaz lorsqu'il est soulevé, et, dans ce cas, il se
loge sous le couvercle de sûreté qui recouvre le trou
d'homme. Ce registre est muni d'une tige ronde en fer
qui traverse le centre de la soupape de sûreté et à laquelle il est suspendu à l'aide d'une chaîne à contre-
poids, passant sur une poulie fixe. On peut donc, par ce
moyen, isoler chaque générateur ou les faire fonctionner
ensemble.

On donne ordinairement une pente douce au conduit
commun, dont la longueur peut dépasser au besoin deux
cents mètres, si le tirage des cheminées d'appel des appareils de chauffage est puissant, mais il est à remarquer
que les fluides gazeux perdent d'autant plus en vitesse et
en température que leur orifice d'écoulement est plus
éloigné du générateur et que les conduits sont moins di-

rects. Un grand refroidissement aurait pour effet la condensation des vapeurs d'eau sur le long parcours du gaz ; dans ce cas il faut multiplier les moyens de soutirage des goudrons, en établissant dans le plafond du conduit principal, de distance en distance, des puisards ou citernes, et installer au-dessus d'eux des trous d'homme avec couvercles de sûreté, afin de pouvoir effectuer plus aisément le balayage.

DES BRULEURS. — On donne ce nom aux appareils qui terminent les orifices des conduits à gaz et à air atmosphérique, par lesquels ces fluides volatils s'écoulent dans l'appareil de chauffage pour se mélanger intimement au moment où la combustion doit avoir lieu. Celles des dispositions qui remplissent le mieux ce but et qui résistent sans altération à une haute température soutenue, sont les meilleures.

Le brûleur à gaz est ordinairement composé d'une plaque en terre cuite, percée d'une multitude de petits trous carrés ou ronds du diamètre de 1 centimètre carré, servant de fermeture à un vaste encaissement en terre réfractaire dans lequel afflue le gaz pour s'échapper ensuite en jets minces par la plaque criblée de trous.

On fait le plus souvent affluer librement le gaz dans le four sans aucun obstacle ; mais une division du gaz est très-utile. Nous ne tenons pas essentiellement à l'emploi de la plaque criblée, parce que nous avons obtenu constamment une division suffisante du courant de gaz sous forme de lames minces, en le dirigeant au centre de la surface inférieure d'une plaque pleine en terre cuite, posée horizontalement à demeure à une petite distance

au dessus de l'orifice du tuyau à gaz, contre lequel il se
heurte ; il en résulte une déviation subite de sa direction
primitive au moment même où il pénètre dans le four ;
le gaz est par conséquent forcé de s'échapper par les intervalles laissés entre les quatre rebords de la plaque et
les parois de l'encaissement, rencontrant immédiatement
au-dessus d'elles une infinité de jets minces d'air atmosphérique surchauffé, sortant de ces parois, comme on le
verra plus loin, et se mélangeant intimement avec ce dernier fluide. Cette disposition est toujours praticable, car
on n'a qu'à disposer l'orifice du gaz sous la plaque, soit
que le courant primitif ait été horizontal ou vertical suivant les circonstances.

Le courant vertical est le meilleur et peut être appliqué
généralement ; cette direction de l'écoulement est cependant inadmissible dans les fours où les corps à traiter se
liquéfient et peuvent, par une cause quelconque, s'écouler
des creusets, comme cela arrive quelquefois dans les fours
de fusion des verreries ; dans ce cas, on réserve, au fond
du four, un évasement pour recevoir ces corps liquéfiés,
et pour pouvoir les en soutirer au moyen d'un trou bouché qui se trouve au centre, et on établit l'orifice du
conduit à gaz latéralement, un peu au-dessus de ce
bassin, ce qui n'empêche nullement l'application de la
plaque horizontale pour obtenir une parfaite division
du gaz.

Dans la plupart des usines, le brûleur qui fournit l'air
chaud à la combustion, consiste en un tube en fonte, ga-
ranti extérieurement contre la chaleur, par un enduit de
terre réfractaire, et percé d'une multitude de trous qui
se trouvent sur une ou sur plusieurs lignes, suivant son

5*

axe ; il est posé au travers de la chambre, là où le mélange des fluides s'opère, de manière que ces deux extrémités reposent dans la maçonnerie des parois, ce qui
permet de retirer et de remplacer le brûleur par un nouveau, s'il est devenu défectueux, ou bien de le tourner
sur son axe pour diriger les jets d'air en bas ou en haut,
suivant que l'on veut allonger ou raccourcir les flammes.

Cette disposition est souvent employée dans les fours
à puddler le fer, mais elle a de graves inconvénients.
D'abord, la dilatation étant plus grande pour le fer que
pour l'enveloppe de terre réfractaire, elle fait crever et
tomber celle-ci ; et ainsi privé de sa garantie, le tuyau
finit par se brûler promptement, ce qui entraîne des
intermittences et des imperfections dans la combustion,
sans compter les frais onéreux résultant des pièces de
rechange.

Le brûleur construit de la manière suivante est plus
simple et plus durable, et produit le meilleur effet, à
cause de la grande quantité de jets minces d'air qu'il
lance à la fois de tous les côtés dans les courants de gaz
très divisés ; il a constamment donné les résultats les
plus satisfaisants dans les fours de fusion des verreries.

Immédiatement au-dessus de la plaque mélangeuse du
gaz est réservé, dans les siéges, un canal circulaire remplissant les fonctions d'une chambre à air ; ses parois en-
caissant la fosse ou le ci-devant foyer du four, sont
percées d'un grand nombre de trous, par lesquels l'air,
remplissant la chambre annulaire, s'échappe dans une
direction horizontale, en filets ou en lames très minces,
dans la fosse, où ils rencontrent les lames de gaz ascen-
dantes qui arrivent incessamment par les intervalles

formés par les rebords de la plaque isolée et les parois percées de la chambre à air, d'où il résulte un mélange instantané et intime de ces fluides volatils.

L'air surchauffé est dirigé dans la chambre à air, soit par l'effet du tirage de la cheminée d'appel, soit par l'effet de l'injection mécanique.

Pour mieux comprendre cette disposition nous renvoyons le lecteur à la figure 12, planche II, représentant l'ensemble d'un brûleur ci-dessus appliqué à un four de fusion à gaz à chaleur concentrée.

Au centre du four de fusion rond, dans le foyer B, aboutit latéralement le conduit à gaz 37 par l'orifice W sous la plaque R, reposant sur quatre saillies, de manière que le gaz frappe le centre de sa surface inférieure et s'échappe par les quatre bords.

Immédiatement au-dessus, réservé dans les siéges, se trouve le canal circulaire, ou la chambre à air X, dans laquelle aboutissent les tubes prenant naissance au centre des boites à vannettes H, disposées devant les portines du four. — V sont les parois criblées de la chambre à air.

Lorsqu'on renonce à l'emploi de l'air, arrivant par les cheminées et les séries descendantes des contrariétés établies sur la couronne, on dirige l'air dans la chambre circulaire par un ou par plusieurs canaux horizontaux et cela suivant les dispositions du four.

En employant des fours longs à deux tisards, on établit de chaque côté du four, un brûleur semblable à celui précédemment décrit, toutefois en en réduisant les dimensions suivant le volume d'air nécessaire à la combustion.

Il faut que la somme de toutes les sections des brûleurs à air atmosphérique, soit au moins égale à neuf fois la somme de la section de l'orifice à gaz. Nous recommandons de quadrupler la somme des sections à air pour pouvoir, au besoin, utiliser la vapeur surchauffée, dont nous donnerons plus bas une application utile.

Comme la plus grande quantité de l'air atmosphérique doit être dirigée dans le four, là où son mélange avec le gaz doit produire l'effet utile et que l'expérience a démontré qu'un poids donné d'air chaud fournit une plus haute température avec la même dépense de gaz que le même poids d'air froid, on surchauffe celui-ci par le calorique perdu du four, en dirigeant son courant par une série de tubes en fer ou de canaux en maçonnerie incandescents avant d'arriver dans la chambre d'air, d'où l'on peut soutirer le volume nécessaire à la combustion imparfaite du combustible dans le générateur.

L'air atmosphérique est aspiré ou injecté par le ventilateur. Celui d'un diamètre de $0^m,60$ sur une largeur de palette de $0^m,30$, faisant mille tours à la minute et fournissant du vent sous une pression de $0,054$, suffit pour l'alimentation du grand four à verre à vitres de 10 pots; on emprunte à ce vent la petite quantité nécessaire à l'entretien d'une combustion imparfaite dans le générateur.

Dans les cristalleries, où il s'agit moins de rechercher une économie dans la dépense des fondants, que de produire, dans 11 ou 12 heures, un verre à base de plomb d'un poids spécifique déterminé qui ne nécessite pas pour sa parfaite fusion une très haute température, on peut, dans le but de surchauffer l'air, et d'en alimenter la combustion, se dispenser du ventilateur, et l'appeler dans les brûleurs par l'effet du tirage de la cheminée.

Pour régler à volonté le volume de gaz et d'air atmosphérique, on établit des registres aux conduits principaux ; la forme de cloches suspendues et plongeant avec leur bord dans des rainures larges et profondes, remplies de goudron, est la plus sûre pour les fluides gazeux, tandis que les vannes ou des soupapes ordinaires fonctionnent bien pour régler le volume d'air.

Dans quelques usines allemandes les registres à air sont réglés automatiquement par l'effet de la dilatation d'une longue barre de fer, déposée dans le canal, dans lequel on surchauffe l'air ; une des extrémités de la barre est fixée dans la maçonnerie, tandis que l'autre agit sur le bras d'un secteur d'engrenage qui meut le registre.

Mais comme la température dans ce canal augmente sensiblement de plus en plus à mesure que le four est plus longtemps en marche, et que, suivant les diverses phase de la fabrication, on est obligé de varier la température dans le four, il est impossible que ce règlement puisse se faire à point, puisque le degré de température acquis par le canal qui contient le tube à air ainsi que la barre régulatrice, ne se modifie que longtemps après que la température dans le four aura été abaissée ou augmentée suivant les besoins de la fabrication. Il convient donc infiniment mieux de confier la réglementation des registres à l'intelligence des ouvriers chauffeurs ou fondeurs.

Pour réaliser toute l'économie que peut offrir le combustible gazeux, il s'agit de l'employer avec le plus grand discernement. La forme de l'appareil qui aura présenté le plus d'avantage, tant qu'il a été alimenté de combustibles solides soit à grille vive, soit à chaleur concentrée à grille fortement chargée, sera le plus convenable pour la combustion du gaz; on y installe les brûleurs, à l'endroit où se trouvaient les grilles, tout en comblant avec des matériaux les espaces devenus inutiles; car il est urgent de réduire rigoureusement à ses plus justes limites l'espace intérieur pour obtenir l'effet utile désiré avec la plus petite dépense possible de gaz. Lorsqu'on veut conserver les grilles pour pouvoir au besoin s'en servir, on doit combler les espaces à supprimer pendant l'alimentation du four avec du gaz, par du sable mouvant et prendre des dispositions qui permettent de l'éloigner par écoulement au moment voulu.

Des condensateurs a gaz. — Quoique nous ayons suffisamment démontré les avantages qu'offrent les combustibles desséchés pendant la distillation et pendant la combustion sur ceux qui ne le sont pas et qui renferment une plus ou moins grande quantité d'eau, il y a cependant des situations particulières, où la dessication en est sinon impossible au moins très-coûteuse, surtout lorsqu'il s'agit de l'alimentation du générateur avec de la tourbe mal conditionnée ou bien avec du lignite imparfait, fibreux ou compact, et fort humide. Il ne reste alors qu'à recourir, soit à la dessication artificielle du combustible, ou bien à l'emploi du *condensateur* à gaz, que l'on peut intercaler dans le canal principal à gaz entre le générateur et l'appareil de chauffage.

Son nom indique déjà les fonctions qu'il est appelé à remplir, car il a pour but de purger et de priver les gaz combustibles, à leur passage, des vapeurs d'eau et des cendres dont ils sont nécessairement accompagnés.

C'est donc uniquement le résultat du calcul qui doit décider si la dessication artificielle préalable d'un combustible humide donné entraine plus de frais que l'installation et l'usage continue d'un condensateur.

Mais en considérant que le dérivé solide (coke, charbon) d'un combustible quelconque, obtenu par la distillation, contient environ six dixièmes de la totalité primitive du carbone, il est évident qu'il serait plus avantageux de sécher préalablement le combustible avant de l'employer dans le générateur, que de renoncer à cette grande quantité de carbone utilisé à élever les gaz à une haute température, en le refroidissant après par la condensation. Cette vérité a été reconnue depuis longtemps dans les usines métallurgiques suédoises, qui n'ont pas craint d'établir à grands frais des séchoirs immenses, dans lesquels on dessèche artificiellement la tourbe qui, par suite du climat humide et brumeux n'a pu l'être en plein air.

Quoi qu'il en soit, pour ne pas laisser de lacune sous ce rapport, nous offrons au lecteur la description d'un condensateur à gaz, intercalé entre le générateur et le four.

Il se compose de deux cylindres creux concentriques, en tôle, de diamètres différents, plongeant avec leurs bouts inférieurs ouverts dans une cuve ou citerne remplie d'eau, et au centre desquels un jet d'eau non interrompu, lance une pluie d'eau froide à la rencontre du courant de gaz descendant qui, après avoir remonté par l'espace circulaire libre, formé par les parois de ces deux cylindres, est forcé de descendre dans l'intérieur du petit cylindre pour s'écouler ensuite dans le four, après avoir été dépouillé de la vapeur d'eau et des corps étrangers (*fig*. 12).

Qu'on se représente un cylindre creux, en tôle, de 2^{m}00 de hauteur, de 0^m,70 de diamètre, clos au sommet par un couvercle à fermeture hydraulique, et déposé verticalement, avec son bout ouvert et crénelé, dans une cuve d'un diamètre de 0^m,90 sur une hauteur de 0^m,25 remplie à plein bord d'eau, déversant incessamment; que le cylindre porte à une distance de 0^m,30 un tube horizontal à collier, et d'un diamètre de 0^m,45, formant la communication entre le cylindre vertical et le conduit à gaz du générateur; qu'un autre cylindre plus court de 0^m,06 que le précédent, n'ayant que 0^m,45 diamètre, ouvert aux deux extrémités, et muni d'un manchon horizontal, semblable à celui du grand cylindre, soit posé au centre de celui-ci, de manière que le manchon du petit traverse sa paroi en regard du four, pour former ainsi l'issue des gaz condensés, on pourra se faire une idée exacte de cet appareil.

Au fond de la cuve il y a une ouverture munie d'une soupape, servant au moment où l'on voudrait vider ce vase. Les eaux provenant de la douche, qui ont été employées à la condensation, l'entretiennent à plein bord; elles s'écoulent, avec les goudrons surnageant, dans une autre citerne où l'on retient et enlève de temps à autre ces derniers.

Un tuyau de 0^m,70 de hauteur et 0^m,06 de diamètre intérieur, surmonté d'une pomme d'arrosoir de 0^m,10 de diamètre, est fixé verticalement au centre du condensateur, de manière qu'il communique extérieurement avec un bassin d'un mètre cube rempli d'eau au moyen d'une pompe ou autrement, et pouvant fournir $0^{mc},80$ d'eau à la minute et qui est élevé de $1^{m},80$ au-dessus de la pomme d'arrosoir. Un robinet règle l'écoulement de l'eau de l'injecteur.

La pomme d'arrosoir se monte sur le tuyau injecteur au moyen d'un pas de vis ; ses trous ont 2 millimètres de diamètre et sont répartis régulièrement sur sa surface convexe. Le nettoyage s'en opère facilement avec une brosse rude, fixée sur un manche d'une longueur suffisante pour pouvoir atteindre la pomme depuis le sommet du condensateur.

DES EXPLOSIONS ET DES MOYENS DE LES ÉVITER. — Les explosions sont toujours dues à un mélange prématurée de l'oxygène avec le gaz d'hydrogène pur ou de l'hydrogène plus ou moins carburé ; soit que le mélange ait lieu dans le générateur, dans l'espace au-dessus du combustible réservé aux gaz combustibles, soit dans les conduits à gaz. On peut facilement les éviter en se rendant bien compte des causes qui peuvent les provoquer.

Il s'agit d'abord de maintenir constamment sur la grille une couche de combustible d'une épaisseur déterminée pour chaque espèce, soit par un chargement judicieux, soit par l'obstruction partielle et successive des gradins supérieurs de la grille, soit enfin en diminuant le volume d'air atmosphérique amené par le ventilateur sous la grille du générateur. Tout état quelconque de la grille, donnant passage à l'air inaltéré, peut avoir pour conséquence une explosion ; il est donc urgent d'empêcher que le combustible sur les gradins supérieurs ne s'étei-

gne jamais ou se montre à nu sans être en ignition,
car l'air y entrerait sans avoir été décomposé. Les taches
noires qu'on voit quelquefois sur la grille indiquent la
présence de scories qui peuvent produire le même effet
nuisible. Il faut ensuite s'assurer du bon état des ferme-
tures hydrauliques aux appareils de sûreté et de la maçonnerie qui doit être étanche partout, et que le ventilateur ne puisse jamais tourner en sens inverse, afin de ne
pas devenir aspirant, s'il agit par pression.

Dans les appareils de chauffage dépourvus de cheminée
d'appel, comme les anciens fours de fusion des verreries,
dont le tirage, provoqué par la différence entre les den-
sités de l'air chaud et de l'air atmosphérique ambiant,
n'est pas toujours constant, les explosions ont quelquefois lieu, lorsque l'air et le gaz se retirent du four par les
brûleurs dans le conduit principal à gaz. Aussitôt qu'on
s'aperçoit de cette retraite, il faut s'empresser de fermer
tous les registres à gaz et à air, d'arrêter en même temps
le ventilateur et d'attendre tranquillement l'événement
qu'on ne pourra plus empêcher de se produire ; mais ces
précautions que nous venons d'indiquer étant prises, les
effets de l'explosion se borneront à lancer en l'air les
couvercles de sûreté, suspendus dans le but de rendre,
dans ce cas particulier, leur chute inoffensive pour le
personnel de l'usine.

Après l'explosion, on remet les soupapes en place et
l'appareil en marche.

L'effet des explosions est purement local ; car elles se
produisent dans l'appareil seulement là où le mélange de
l'oxygène de l'air avec le gaz combustible s'est opéré ; et
l'expérience a démontré à satiété que les tuilettes posées

devant les ouvreaux du four de fusion ne sont pas même ébranlées par la commotion.

DE L'EMPLOI DU GAZ HYDROGÈNE PROTOCARBONÉ. — Quoi que la transformation du combustible solide en gaz de carbone offre déjà des avantages considérables sur le mode ancien de le brûler en état de solidité sur la grille vive qui, non-seulement appelle le double volume d'air rigoureusement nécessaire à la combustion, mais qui laisse échapper entre ses barreaux une grande portion de combustible inaltéré, il est évident qu'on peut augmenter notablement ces avantages en mêlant le gaz de carbone avec une petite quantité d'hydrogène pour en former de l'hydrogène protocarboné, dont la puissance calorifique est de 13,205 au lieu de 7,800 unités. Ce mélange est d'autant plus nécessaire pour l'usage des houilles sèches et anthracitiques qu'elles manquent d'hydrogène, ce qui est la cause de leur combustion sans flammes.

La solution de ce problème a été de notre part l'objet d'expériences qui ont été couronnées d'un plein succès.

A cet effet, nous installons dans l'espace du four, où le mélange du gaz et de l'air a lieu, un serpentin formé d'un bloc en pâte de terre réfractaire dans lequel on a percé, avant le recuit, un grand nombre de tubes parallèles dans un même plan et plusieurs plans tubulaires superposés et mis convenablement en communication pour en former un seul tube serpentin replié plusieurs fois sur lui-même ; ses parois intérieures sont revêtues d'une couche d'émail ou de vernis très dur. Cet appareil, exposé à une haute température du four, surchauffe à son passage libre et sans pression un mince filet de vapeur, que l'on y aura introduit par l'un des orifices. Le dernier tube de la série, bouché au haut, étant criblé d'une rangée de trous minces, lance sur une ligne des jets très fins de vapeur surchauffée à la rencontre du courant du mélange composé d'oxygène, de carbone et d'un peu d'hydrogène et produit, en s'y mêlant intimement à son tour, du gaz d'hydrogène protocarboné, mais pour autant qu'il aura trouvé la quantité d'air atmosphérique nécessaire à sa parfaite combustion; il en résulte une plus haute température que par le gaz de carbone seul. On se rappelle que chaque kilogramme d'hydrogène demande pour effectuer sa combustion 21^{mc} d'air atmosphérique, dont on règle aisément l'accès par le registre du ventilateur.

L'économie en gaz de carbone résultant de l'application d'une faible quantité de vapeur surchauffée est notable ; comme les creusets et les briques du four résistent à peine à cette chaleur, il ne faut pas outre-passer une certaine proportion dans les fours de fusion, où les alcalis volatilisés facilitent la fusion des briques.

DESCRIPTION DES FIGURES, REPRÉSENTANT LES DIVERSES APPLICATIONS DES ÉLÉMENTS PRÉCITÉS.

Pour ne laisser planer aucun doute sur les détails que nous venons d'exposer, nous offrons au lecteur le dessin d'un générateur à gaz ; il expliquera encore mieux leurs formes et leurs agencements particuliers pour chaque espèce de combustible.

Les figures 12 et 15, pl. II représentent le générateur avec ses accessoires, y compris le condensateur, appli-

qués à un four de fusion à chaleur concentrée et avec
emploi utile du calorique perdu, expérimentés en verrerie, et pouvant également trouver leur emploi utile dans
les appareils de chauffage des autres industries, où leur
application est bien loin de rencontrer autant de difficultés que dans l'art de la vitrification.

10 Intérieur d'un générateur en briques, installé dans le
cendrier commun à deux fours de fusion, dans le but
d'avoir la trémie dans la halle même, ce qui en facilite
la surveillance et le chargement. Il peut être établi,
aussi bien dans la halle, ou en dehors du bâtiment,
dans une cour, suivant les localités des usines.

15 Grille à gradins, formés au moyen de lames de fer
non corroyé, résistant mieux que la fonte ou le fer
fin.

Ces bandes glissent avec leurs extrémités dans les
rainures de deux montants en fonte ; quoique arrêtées
par derrière, elles peuvent être changées pendant la
marche du générateur.

16 Cendrier sous la grille.

Lorsqu'on veut alimenter la grille d'air par injection mécanique, on ferme l'entrée du cendrier au
moyen d'un mur vertical en briques, dans lequel on
réserve, à différentes hauteurs, des ouvertures munies
de portes, par lesquelles on débouche la grille et on
nettoie le cendrier.

7 Trémie en tôle, fixée sur la plaque recouvrant le
gueulard.

9 Rigole régnant autour du sommet, remplie constamment de goudron et constituant la fermeture hydraulique.

6 Son couvercle à rebord, en forte tôle.

8 Fond mobile de la trémie.

2 Tige de ce fond pyramidal.

3 Traverse ou repère pour connaître la hauteur normale du combustible, lorsqu'on sonde avec le fond mobile.

5 Vis de pression, au moyen de laquelle on peut arrêter la tige au couvercle.

1 Poulie supportant la chaine à laquelle est suspendue le contre-poids.

11 Ouverture latérale sous la plaque du gueulard, par laquelle le gaz produit dans le générateur gagne le canal vertical.

14 Canal vertical.

12 Soupape de sûreté, recouvrant le trou d'homme de ce canal.

13 Registre à fermeture hydraulique, interrompant l'écoulement du gaz ; lorsqu'il est levé, il se loge dans le trou d'homme ; il part avec la soupape, lors d'une explosion.

17 Cloche à bords crénelés, plongeant dans sa fermeture hydraulique, par laquelle le goudron condensé peut s'écouler dans la citerne sans que le gaz puisse l'y suivre.

18 Tuyau à goudron plongeant dans l'eau qui s'écoule sans varier de niveau.

20 Canal d'écoulement du goudron se dirigeant dans la citerne.

19 Cul-de-sac ou puisard rempli d'eau.

La réunion des deux canaux verticaux des générateurs jumeaux a lieu à la hauteur de l'embouchure

du canal principal 22. Ce canal transversal n'a pas
été figuré.

22 Canal principal d'écoulement du gaz, commun aux
deux générateurs jumeaux.

Si le combustible employé nécessite une épuration
préalable du gaz, on est obligé d'intercaler le condensateur ; dans le cas contraire, le canal 22 se pro-
longe sans interruption jusque dessous le four de
fusion.

Le *condensateur* se compose d'une citerne contenant de l'eau, s'écoulant par un tube vertical à
niveau constant.

24 Grand cylindre en tôle avec son couvercle à fermeture hydraulique, dont le bord extérieur dépasse le
bord du cylindre, à l'effet de verser dans l'intérieur
les eaux de condensation, qui entretiennent la fermeture.

25,28 Deux manchons fixés au grand cylindre 24, établissant, à gauche et à droite, la communication avec
le canal principal 22 et 55.

25 Cylindre en tôle renfermé dans le grand, ayant,
ainsi que celui-ci, des crénelures à son orifice inférieur plongeant dans l'eau.

27 Manchon fixé au cylindre 25, rentrant dans le manchon 28 du grand cylindre.

26 Tuyau surmonté d'une pomme d'arrosoir et communiquant extérieurement avec un bassin rempli d'eau,
dont l'écoulement est réglé par un robinet non figuré.
Ce bassin est élevé au-dessus de la pomme d'environ
1^m,80 pour obtenir la pression suffisante.

Les eaux ayant servi à la condensation du gaz,

saturées de goudron, retombent dans la citerne et
s'écoulent par le tuyau 56 et le canal 24 pour se
rendre à la citerne à goudron.

31 Soupape de sûreté, fermant un puisard auxiliaire.

50 Deuxième registre à gaz, à proximité du four de fusion, au moyen de la tige 52 suspendue à la poulie 53.

29 Troisième écoulement à goudron, se rendant dans la
citerne commune aux autres.

Lorsque les mêmes générateurs doivent alimenter
deux ou plusieurs fours, le canal principal arrivé sous
le croisillon aboutit dans un canal transversal, régnant
dans le cendrier commun et duquel le gaz est dirigé
verticalement dans les brûleurs de chaque four ; dans
ce cas, il faut que chacun ait son registre spécial.

W Orifice du conduit à gaz arrivant latéralement dans
le four.

R Plaque en terre, opérant la division du gaz en lames
minces.

X Réservoir ou chambre à air atmosphérique surchauffé.

V Parois percées d'une multitude de trous minces, par
lesquels l'air s'échappe de la chambre à air.

B Foyer du four, où le mélange intime du gaz et de
l'air chaud se produit.

C Siége des creusets.

M Cheminée d'appel.

42 Support de la cheminée isolée de la couronne.

38 Distributeur, représenté en détail par les figures 8 et
9 Il aspire simultanément les fluides gazeux brûlés
qui arrivent à la cheminée, après avoir déposé leur
calorique dans les tuyaux S et dans les séries de contrariétés sur la couronne et l'air froid, s'échauffant en

parcourant les autres autres séries et en descendant par les tuyaux F, par les boites H et par les tuyaux T dans la chambre circulaire à air.

44 Tige en fer au moyen de laquelle on donne un seizième de tour au distributeur 38 suspendu à la cheminée M par le collier fixe 39.

A (Voyez *fig*. 15.) Portines du four avec échancrure en bas, par laquelle les fluides brûlés s'échappent dans les cheminées auxiliaires S ou F.

H Boîtes à vannettes, dirigeant alternativement ces fluides vers les cheminées F ou S.

Lorsqu'on veut employer ce système de distribution à l'injection mécanique de l'air, on doit établir sur les rebords échancrés du distributeur un réservoir circulaire 44 (voyez *fig*. 8) dans lequel on chasse l'air atmosphérique ; il s'en échappe par les échancrures *f*, qui forment autant d'ouvertures dans le fond de cette boîte circulaire, en suivant les séries de contrariétés comme il a été expliqué déjà.

La description qui précède doit seulement démontrer l'application des diverses sources d'économie de combustible à un même appareil et servira de spécimen. Il est inutile de dire que les diverses dispositions réciproques peuvent être modifiées et variées à l'infini. Elles doivent toujours se régler d'après les localités et suivant la nature du combustible à transformer en gaz.

C'est ainsi que les générateurs peuvent être établis en dehors du bâtiment, au niveau de la halle, au-dessous de ce niveau, isolés ou adossés contre le bâtiment.

La figure 14, pl. III, déjà décrite, donne une idée d'un générateur à grille horizontale.

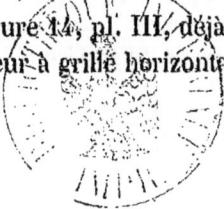

G

La figure 15 représente un générateur sans grille, dans lequel l'air est injecté par 2 ou 3 tuyères.

Quoique nous ayons intercalé un condensateur dans l'appareil pour le cas où on voudrait brûler du combustible humide, nous conseillons cependant de ne pas en faire usage, mais de sécher plutôt artificiellement le combustible humide, si la position topographique de l'usine, ou le climat contraire s'opposent à une dessication à l'air libre, par les motifs développés antérieurement ; car la plus grande chaleur développée dans le générateur par le coke ou le charbon et communiquée au gaz constituerait une énorme perte, si on le refroidissait par la condensation.

DE LA MISE EN ACTIVITÉ ET DE L'ENTRETIEN DES GÉNÉRATEURS A GAZ.

Il nous reste maintenant à enseigner la mise en train, ainsi que l'entretien des générateurs pendant toute la campagne d'un appareil de chauffage à feu continu.

Nous supposons un four de fusion de verreries neuf chauffé préalablement et insensiblement à la manière accoutumée au moyen de deux petites grilles auxiliaires, établies provisoirement dans les portions du four, en regard l'une de l'autre.

Lorsqu'un générateur avec injection mécanique de l'air atmosphérique doit être mis en activité, il faut s'assurer avant tout que le moteur de la soufflerie soit prêt à fonctionner, que toutes les soupapes de sûreté, ainsi que les couvercles des écoulements du goudron soient en place et leur fermeture respective remplie de goudron.

Après avoir baissé les registres à gaz, fermé ceux à air, ouvert la trémie ou bien la cheminée auxiliaire du générateur, s'il en a une, on retire la barre du gradin supérieur de la grille ; cette ouverture permet d'introduire dans le générateur et d'étendre sur la grille une couche de paille de quelques centimètres d'épaisseur. Ceci étant fait, on remet la barre de grille en place, en l'arrêtant par derrière ; on introduit par la trémie des copeaux ou des rameaux secs, et par-dessus une couche de combustible, et l'on met le feu. Les matériaux sont tous introduits par la trémie, si la grille n'existe pas.

La fumée sortira par la trémie ou par la petite cheminée. Aussitôt que toute la couche de combustible est embrasée, on charge successivement par la trémie la quantitée de combustible suffisante pour obtenir, sur la grille, une épaisseur de $0^m,50$, et on met le ventilateur en activité, de manière qu'il souffle de l'air dans le cendrier clos. Une heure après la mise à feu, quand les flammes se montrent à la superficie du combustible, il faut charger de nouveau jusqu'à ce qu'il ait atteint la hauteur normale, ce que l'on reconnaît par la sonde.

Quand la combustion devient de plus en plus active, on ouvre un peu les registres à gaz, en diminuant en même temps le tirage de la trémie ou bien de la petite cheminée auxiliaire, afin que les fluides gazeux et la vapeur d'eau échauffent insensiblement les conduits à gaz et en chassent l'air atmosphérique.

La nuance ainsi que la vitesse avec laquelle la fumée gazeuse arrive dans le four, attirée par la cheminée d'appel, indiquent, s'il faut procéder à leur mélange avec l'air atmosphérique ; à cet effet on ouvre un peu le registre à air et on introduit de temps à autre une poignée de copeaux allumés dans le four fermé ; lorsque le gaz s'enflamme, il faut fermer en même temps la trémie et la cheminée du générateur, et régler le volume d'air dans le four suivant le volume de gaz arrivant, de manière à obtenir constamment une flamme blanche.

Si le four neuf n'a pas été réchauffé préalablement à la manière accoutumée et que ce recuit doive se faire au gaz, il suffit d'y entretenir pendant plusieurs jours une faible flamme, que l'on augmentera seulement lorsque l'humidité aura disparu des parois intérieures ; et quand elles ont acquis la température du rouge naissant, on fait seulement agir le ventilateur ; jusque là son concours est inutile, car l'air passant librement par la grille, obstruée aux gradins supérieurs, suffit à l'entretien d'une faible et incomplète combustion du générateur, et l'air ambiant dans le four au mélange avec le petit volume de gaz à y brûler.

A partir de ce moment, on augmente insensiblement le volume de gaz et d'air en faisant fonctionner le ventilateur, jusqu'à ce que le four ait atteint le degré de température voulu que l'on tâche de maintenir continuellement. ment. Les conduits d'air sur la couronne à mesure qu'ils s'échaufferont davantage, fourniront l'air de plus en plus chaud, et c'est alors qu'on s'apercevra seulement de tout l'effet que sa haute température produira sur la dépense du combustible.

Six heures au moins sont nécessaires pour porter le générateur à son activité normale, qui est facile à maintenir par des chargements judicieux et par l'entretien de la grille.

Le savoir exigé du chauffeur se réduit à produire du gaz en abondance et à régler l'arrivée du volume d'air nécessaire et proportionné au volume de gaz, qu'il laisse écouler dans le four pendant les diverses phases de la fabrication, afin d'en obtenir la combustion la plus parfaite.

Les flammes roussâtres accompagnées de fumée indiquent un manque d'air; il faut donc ouvrir peu à peu le registre jusqu'à ce qu'elles s'éclaircissent et que la fumée disparaisse entièrement.

Les flammes blanches très longues, sortant des cheminées auxiliaires, ce que l'on peut observer à leurs regards pratiqués à hauteur d'homme, sont un indice que le mélange est parfait, mais qu'il y a excès de dépense de gaz et d'air; dans ce cas, il n'y a qu'à diminuer l'écoulement de l'un et de l'autre de ces fluides.

Les flammes courtes et blanches, atteignant à peine le dessus des pots ou n'arrivant pas même dans les boîtes H à vannes, indiquent insuffisance de gaz et excès d'air.

Avec ces données il sera facile au chauffeur d'arriver, par des tâtonnements, assez promptement à une réglementation convenable; mais les mouvements d'abaissement ou d'ouverture des registres doivent se faire insensiblement et peu à peu, car en dépassant la juste limite en plus ou en moins, il s'en suit une perturbation dans la combustion.

L'attention du chauffeur doit surtout se porter sur l'entretien en parfait état de la grille et de la couche du combustible; il doit y maintenir constamment l'épaisseur normale, éloigner de la grille les scories et le laitier, en évitant soigneusement de produire des trouées

5*

par lesquelles l'air pénètrerait dans l'intérieur du générateur sans avoir été décomposé par le charbon ou par le
cok en ignition ; ce qui entraînerait inévitablement une
explosion dont la force serait en rapport avec le volume
d'air inaltéré qui aurait pu se mélanger avec le gaz du
générateur.

Il peut arriver que la production du gaz se ralentisse
par une cause quelconque, au moment où les opérations
de fabrication à exécuter dans le four, ne permettent
pas de recharger le générateur, ou de donner de l'air à
la grille obstruée, comme cela a lieu pendant le travail,
période où le ventilateur n'agit jamais et où l'air arrive
librement à la grille, à moins qu'il n'y ait absence de
grille, cas dans lequel le ventilateur agirait très faible-
ment ; le chauffeur doit alors boucher successivement les
gradins supérieurs de la grille avec du mortier, lorsqu'il
remarque que des petites flammes bleues y apparaissent.
Par ce moyen il lui sera facile d'éviter ces événemens
nuisibles et d'envoyer des cendres dans le four, surtout
lorsqu'il aura appris à connaître par expérience toute la
durée d'une charge complète, ainsi que la dépense normale de gaz pendant la fusion et pendant le travail ou
pendant le soufflage du verre; il peut alors régler et faire
coïncider les charges avec les diverses phases de la fabrication sans lui porter aucun préjudice.

En aucun cas il ne doit dépouiller entièrement les gradins supérieurs de braise en ignition ; car il faut empêcher l'air atmosphérique de pénétrer dans le générateur
sans avoir traversé le brasier, ce qui aurait lieu, si l'air
trouvait un passage par des gradins où le combustible en
état naturel serait visible; dans cette circonstance, ce qu'il

a de plus pressé à faire c'est de fermer les registres à air,
si son injection se fait mécaniquement, et à gaz, et de
boucher avec du mortier ces places privées de braise.

La présence de légères portions d'air inaltéré dans le
générateur s'annonce par de faibles détonations qui se
multiplient et deviennent de plus en plus bruyantes à
mesure que le volume d'air s'augmente. Quand même
une explosion serait imminente, elle n'aurait rien de
dangereux pour l'homme occupé à obstruer les passages
de l'air inaltéré ; et au pis aller, elle se produirait dans le
générateur, et le couvercle 12 du trou d'homme serait
lancé en l'air, sans qu'il en résultât autre chose qu'une
perte de gaz, regrettable sans doute.

Des accidents semblables peuvent survenir lorsque,
par suite d'une trop grande négligence de la part du
chauffeur, la grille s'est obstruée considérablement par
des scories ou du laitier. Ou l'air inaltéré traverse ces
scories éteintes, ou bien la pression de l'air, agissant avec
plus de force sur les parties claires de la grille, peut sou-
lever et percer les endroits incandescents du combustible
et causer des explosions.

On aura remarqué que les couvercles et les soupapes
de sûreté sont tous du même modèle, à fermeture hydraulique et posés horizontalement ; nous en recommandons l'emploi parce qu'ils remplissent au mieux toutes
les conditions désirables : leur résistance peut être exactement réglée au moyen de contre-poids, et leur projec-
tion se fait verticalement en l'air lors d'une explosion,
cédant ainsi à la moindre pression, donnant passage au
gaz détonant sans détruire les appareils ; il offre, par
conséquent, une pleine sécurité au personnel des usines.

Après avoir passé en revue et approfondi les trois sources d'économie du combustible, savoir : *la chaleur concentrée, l'emploi utile de la chaleur perdue*, et la *transformation en gaz des combustibles solides*, toutes appliquées avec le plus grand succès au four de fusion de verreries, nous nous proposons d'étendre leur usage à divers appareils de chauffage d'autres industries, ayant la chaleur pour base de la fabrication.

Dans ces diverses applications nous nous appuyerons sur tout ce qui a été enseigné précédemment, et où l'on doit chercher des éclaircissements, si le lecteur croit en avoir besoin, afin d'éviter des redites ennuyeuses.

Mais avant d'aborder la description de ces appareils, nous devons nous occuper des générateurs à gaz locomobiles, dont nous démontrerons l'utilité dans bien des circonstances.

X

Des générateurs locomobiles à gaz à l'usage des chaudières à vapeur.

La machine à vapeur est devenue le moteur par excellence, en raison de la facilité de son installation dans tous les lieux et de la modicité de son prix d'acquisition. A l'aide de la machine à vapeur on peut produire de la force motrice d'une puissance illimitée et suffisante pour vaincre les résistances que les appareils divers peuvent opposer par leur travail ou par leur fonctionnement; son usage est donc fort répandu de nos jours.

On produit de la vapeur de la pression d'une ou de plusieurs atmosphères dans des générateurs de formes très variées, et la quantité de vapeur à produire dans un temps limité est prescrite par la machine, ou bien par le travail qu'elle doit fournir. On conçoit donc que l'évaporation de l'eau dépend de la somme du calorique employé utilement ou bien de la quantité de combustible brûlé.

Mais si l'expérience a démontré que la production de 6 kil. de vapeur par la combustion d'un kil. de houille constitue un résultat assez satisfaisant, la théorie prouve que ce produit représente un peu plus de moitié de la quantité totale de la vapeur que la houille devrait produire si l'on considère la puissance calorifique qui est en moyenne évaluée à 7,500 unités (pag. 9) ; l'absorption des 6 kil. de vapeur ne dépassant pas 4,000 unités, il y aurait ainsi une déperdition de 3,500 unités à mettre au compte des défectuosités des foyers et de l'ensemble des appareils de chauffage usités pour les chaudières à vapeur.

Il résulterait donc évidemment une économie considérable dans la dépense actuelle du combustible, si l'on parvenait à employer utilement à l'évaporation de l'eau ce calorique qui aurait été perdu sans emploi utile.

Ces résultats satisfaisants de 6 kil. de vapeur pour la dépense de 1 kil. de houille, dépendent des dimensions qu'on aura données à la capacité de la chaudière à vapeur, à la surface de chauffe, au foyer, à la superficie totale de la grille, aux espaces libres entre les barreaux, à la distance entre la chaudière et la grille, à la hauteur de la cheminée, à sa section et à celle des carnaux, etc., pour brûler dans un temps déterminé une quantité donnée de combustible, et cependant tous les appareils n'atteignent pas même ce résultat, dont la pratique se contente et que la théorie réprouve. Sans entrer dans tous ces détails, il suffit de se rappeler le résultat du concours des chauffeurs à Amiens, ainsi que ce que nous avons dit des grilles vives, encore généralement employées pour le chauffage des chaudières à vapeur, pour se persuader que ces appareils sont susceptibles d'améliorations importantes.

Nous avons signalé comme une riche source d'économies l'emploi des combustibles gazeux, produits expressément dans des générateurs, pour les brûler ensuite sous la chaudière, en mélangeant intimement les fluides gazeux combustibles avec la quantité nécessaire d'oxygène pour atteindre la plus parfaite combustion, à l'exclusion de l'air en excès qui, dans les foyers à grille vive, occcasionne la plus grande perte de chaleur.

Mettre l'industriel à même de pouvoir user avantageusement de toute espèce de combustible se trouvant à sa portée, même du plus médiocre, s'il est riche en carbonne, et de se passer du talent d'un chauffeur intelligent et soigneux, c'est là le but que nous voulons atteindre, en décrivant et en recommandant l'usage des générateurs fixes et locomobiles aux chaudières à vapeurs.

Nous avons déjà précédemment parlé des générateurs fixes, que nous passons sous silence, pour nous occuper ici des générateurs locomobiles.

Un chariot en fonte avec fond à claire-voie, fixé sur deux essieux et roulant sur quatre roues, porte le générateur à gaz, construit en briques et consolidé par des ancrages en fer. Suivant la nature du combustible à y convertir en gaz, on établit le générateur à grille à gradins en fer ou en briques réfractaires, à cendrier ouvert si l'on dispose d'une haute cheminée d'appel ; ou à cendrier clos avec insufflation mécanique d'air chaud, en l'absence de cheminée d'appel ; ou bien sans grille, si la légèreté du combustible permet de la supprimer.

Comme les figures précédemment décrites représentent déjà les diverses formes des générateurs, nous offrons seulement deux dessins de générateurs locomobiles, dont l'un porte en lui le brûleur, et l'autre qui, dépourvu de brûleur, exige que le mélange de l'air avec les gaz combustibles se fasse sous la chaudière à vapeur.

L'un et l'autre peuvent être installés sans dépenses nouvelles au tisard du foyer d'une chaudière à vapeur quelconque; il suffit d'élever l'orifice du générateur à gaz au même niveau que la porte du foyer et d'établir la communication par un tube carré en fer revêtu intérieurement d'une couche préservatrice de mortier de terre réfractaire. Quant à la grille du foyer de la chaudière à vapeur, elle est retirée et une plaque en terre cuite repose sur les chenets. Pour l'usage du générateur sans brûleur, la plaque est criblée de trous dans sa partie antérieure, et sert de brûleur; le cendrier fermé est, dans ce cas, transformé en réservoir d'air, dans lequel on dirige l'air surchauffé par le calorique perdu, et dont l'accès dans cette chambre est réglé au moyen d'un registre.

Pour le générateur qui porte avec lui le brûleur, la grille du foyer est remplacée par une plaque de terre cuite unie, dans laquelle seulement quelques trous ont été ménagés, pour servir au besoin de soupiraux. Le cendrier clos forme également le réservoir d'air chaud, d'où on le soutire pour le diriger à la fois et dans le brûleur et dans le générateur.

FIGURE 16 ET 17, PLANCHE III. GÉNÉRATEUR AVEC BRULEUR.

A Générateur à grille.
B Trémie à double fond.

C Cheminée auxiliaire servant pendant la mise en marche
du générateur.

E Conduit vertical à gaz, avec soupapes du purgeur à
goudron plongeant dans une cuve sous le chariot.

F Soupape de sûreté.

G Tube de communication.

H Grille couverte dont la partie antérieure est criblée de
trous si le générateur ne porte pas en soi de brûleur
à air.

I Chambre à air dans le cendrier.

J Tuyaux en serpentin servant à y surchauffer l'air.

K Brûleur, établi dans le conduit à gaz du générateur.

FIGURE 18, PLANCHE III. GÉNÉRATEUR SANS GRILLE ET
SANS BRULEUR.

A Générateur sans grille.

B Trémie à double fond.

C Cheminée auxiliaire.

E Conduit à gaz vertical avec purgeur à goudron.

F Soupape de sûreté.

G Tube de communication.

La mise en marche ainsi que les soins à donner à ces
générateurs sont les mêmes que ceux relatés ci-dessus
pour les générateurs fixes.

Si l'on veut adapter à ce générateur la vapeur surchauffée, on installe le système tubulaire au-dessus du
brûleur à air dans la couverte de ce canal à gaz.

7

XI

Four à zinc à moufles isolés, chauffé au gaz à chaleur concentrée, et où la chaleur perdue est employée au chauffage de l'air atmosphérique.

Le zinc, métal reconnu au XVIᵉ siècle par Paracelse, fut importé, pendant fort longtemps, par les Hollandais d'abord, par les Anglais ensuite, de la Chine en Europe, sous le nom de *tutenag, tutanego*.

Depuis le commencement de ce siècle ce métal est devenu d'un usage si répandu que sa fabrication constitue aujourd'hui une branche très importante de la métallurgie et qui est exploitée sur la plus vaste échelle.

On extrait le zinc de la calamine, connue des anciens, sous le nom de *cadmia* et employée par eux à la production du cuivre jaune, ou *du laiton;* les minerais les plus importants sont :

1° Le zinc sulfuré (zinkblende — Blende ou black. Jack).

2° Le zinc silicaté ou calamine (Galmei — calamine).

5° Le zinc carbonaté (zinkspath oder edler Galmei —
  Sparry — calmine).

Pour en extraire le zinc, on soumet d'abord le minerai
lavé, à un grillage longtemps soutenu dans un fourneau
à réverbère à aire plate et étendue ; par suite de ce traitement il devient friable, perd son eau, l'acide carbonique
et les corps volatils qui l'accompagnent, et son poids
primitif diminue d'un tiers.

La réduction de l'oxyde qu'il contient en métal, s'opère
par la distillation sèche en vase clos, parce que l'oxyde de
zinc se volatilise à la chaleur.

Ces vases sont ou des cylindres, ou des creusets, ou
enfin, des moufles, tous faits de terre réfractaire cuite,
dans lesquels on enferme un mélange composé d'une
partie (au volume) de minerai de zinc grillé et broyé fin,
et de 1 partie de coke ou d'escarbilles de la grosseur d'une
noisette.

Ces vases clos, déposés dans un four, y sont soumis à
une température fort élevée et longtemps soutenue. Les
fours sont appropriés aux différentes formes des vases
employés et portent le nom du mode de la fabrication du
zinc. On distingue les systèmes suivants, savoir :

1° *Le système anglais,* qui consiste à opérer la distillation dans six ou huit creusets ronds, disposés sur les
siéges d'un four rond, semblables en tout aux creusets
et au four de fusion de verrerie ; chaque creuset, à orifice,
retréci au sommet, est muni d'un couvercle mobile,
qu'on enlève lors de l'enfournement du minerai qui se
fait par l'ouvreau correspondant. Le centre du fond de
chaque creuset est percé ; un tube en tôle, diminuant
vers le bas, posé verticalement et traversant le siége du

four, établit la communication de l'intérieur du creuset avec un vase rempli d'eau, déposé dans la cave (cendrier) sous la halle, et qui reçoit le produit de la distillation ; pour empêcher le minerai de s'échapper par ce tuyau, on ferme son orifice supérieur avec un bouchon de bois, qui se carbonise à la chaleur.

Quand des flammes blanches-bleuâtres s'échappent des creusets, phénomène qui annonce que l'oxyde de zinc commence à être mis en liberté par la chaleur, on ferme ces derniers au moyen de leurs couvercles en terre réfractaire cuite.

Les creusets durent en moyenne quatre mois ; en quinze jours on fait cinq distillations avec 6 à 10 tonnes de calamine et 22 à 24 tonnes de houille, produisant 2 tonnes de zinc. Le rendement varie entre 40 % et 25 % du poids de la calamine soumise à la distillation. Ce système était en usage dans les contrées de Birmingham, de Sheffield et de Bristol, mais son rendement faible et coûteux a mis en chômage la plupart des usines à creusets.

2° *Le système de Liége à tuyaux horizontaux.* Au lieu de creusets, on emploie des tubes creux en terre réfractaire cuite, mesurant 1^m,00 de longueur, 0^m, 15 de diamètre intérieur et 0^m,21 de diamètre extérieur, et pouvant contenir chacun 20 kil. de minerai et de charbon. Ces tubes sont rangés horizontalement dans un four étroit, de manière que quatre et quatre se trouvent dans un même plan, laissant entre eux des espaces libres de 0^m,05. Le four contient ordinairement 22 tuyaux, dont 5 rangées superposées contiennent chacune 4 et la 6me seulement 2 tuyaux. Leurs bouts postérieurs reposent sur des briques saillantes du mur du four et leurs bouts antérieurs sortent à sa devanture ; deux murs latéraux et une voûte forment le complément du four.

Après l'enfournement du minerai mélangé de coke menu, on munit chaque tuyau d'un tube conique en fer, dont le grand diamètre, de 4 cent., communique avec l'intérieur du tuyau en terre, et le plus petit diamètre, de 25 millimètres, repose sur une barre de fer horizontale qui en supporte une rangée. Tous les tuyaux en terre penchent légèrement en arrière pour empêcher le zinc liquifié de s'écouler ; lorsque le four est en marche on voit sortir de chaque tube en fer, seule ouverture, des flammes bleuâtres ; la distillation de chaque charge de 440 kil. se termine en 12 heures et produit environ 50 kil. de zinc brut ; de deux heures en deux heures on cueille le métal liquide au moyen d'un petit râble en fer ; les tuyaux résistent pendant 3 semaines. Ce système est encore en usage dans les environs de Liége, notamment à Prayon, près de Chaudfontaine.

3° *Le système de Carinthie à tuyaux verticaux.* Dans ces usines on opérait autrefois la distillation de la calamine dans des tuyaux verticaux ; 10 rangées chacune de 16 pièces, étaient disposées dans quatre fours contigus. Chacun de ces tuyaux coniques était adapté par le petit bout à un trou dans le siège qui correspondait, au moyen d'un tuyau en tôle, avec son réservoir, déposé dans la cave. Pour empêcher la fuite du minerai, on bouchait le fond de chaque tube avec une couronne en fer.

La charge de chaque tuyau pesait environ 10 kil. 1110 kil. de calamine produisaient 400 kil. de zinc, ce qui représente un rendement de 54 °/₀. La casse énorme des tuyaux, les manœuvres multipliées et compliquées,

la cherté du bois, l'unique combustible dans le pays,
ont amené l'abandon de ce système.

4° *Le système silésien*, qui consiste à opérer la distillation de la calamine grillée dans des moufles en terre
réfractaire cuite, disposés en deux rangées parallèles sur
les siéges d'un four carré semblable à un four de fusion
de verrerie, ayant une seule grille rectangulaire au centre
entre les siéges, deux murs latéraux et des portines dans
les façades longitudinales. Deux fours de mêmes dimensions, et à 10 moufles chacun, sont accolés ensemble,
ayant un mur latéral mitoyen. Ces moufles sont des
boîtes en forme de coffre; la paroi antérieure a une ouverture fermée par un bouchon en terre cuite, qui lui-
même est pourvu de deux échancrures, dont la supérieure est destinée à recevoir le ballon, ou le tuyau
d'écoulement, et l'inférieure, à l'introduction des charges
de minerai. Chaque face du four est munie d'autant de
portines que la rangée contient de moufles, que l'on introduit par ces ouvertures; ces portines ou niches sont
formées chacune de deux murs minces et parallèles en
briques, réunis ensemble par une voûte légère; ces arceaux supportent la couronne du four.

La devanture des moufles sert de fermeture aux portines, de sorte que celles-ci une fois en place, il ne reste
plus à garnir avec du mortier que les interstices formés
entre le moufle, les deux piliers et l'arceau; il en résulte
ainsi devant chaque moufle une chapelle, fermée par une
porte de tôle, qui empêche l'oxyde de zinc de voltiger
dans la halle. Comme la grille n'occupe pas la longueur
totale de l'intérieur du four, il reste de chaque côté,
entre les murs latéraux et la grille, une espace libre sur

les siéges, que l'on occupe utilement en plaçant dans les quatre encoignures du four des moufles plus longs. La grille de chaque four est desservie par un tisard, auquel on arrive par une tonnelle établie sous le siége du mur latéral. Ces fours jumeaux ont six cheminées, dont deux sont placées dans le mur mitoyen et deux dans chaque mur latéral, aboutissant toutes au-dessus des siéges, vis-à-vis du milieu des 8 moufles d'encoignures. Le zinc s'échappe de chaque moufle par un large tube horizontal en terre, dans lequel s'adapte un autre tube vertical qui aboutit dans une boîte en fonte, dans laquelle les gouttes de zinc s'amoncellent. A la tête du tube horizontal il y a une ouverture par laquelle on peut détacher de temps à autre les croûtes d'oxyde qui s'y déposent; elle reste bouchée pendant la distillation.

On met les fours en campagne de la même manière que les fours de fusion de verreries, en les chauffant graduellement pendant quinze jours, puisqu'ils sont construits avec des briques sèches non cuites.

Avant de placer les moufles dans le four, on les recuit dans des fourneaux particuliers, et lorsqu'ils ont atteint la température du four, on les y introduit par les portines respectives; après quoi on lute immédiatement les interstices qui se forment autour de la face antérieure du moufle, et on réchauffe le four pendant 24 heures sans charger les vases de minerai, afin d'achever leur cuisson, ce qui contribue beaucoup à leur donner de la solidité et une plus longue durée. Ce temps expiré, on introduit dans chaque moufle, au moyen d'une pelle creuse, une charge de 33 kil. de calamine grillée et moulue et mélangée avec son volume d'escarbilles provenant du cen-

drier, ou bien du coke menu purgé de poussière, volume qui pèse environ 10 kil., et à ce mélange on
ajoute 1 à 1 1/2 kil. d'oxyde de zinc ainsi que des crasses
provenant de la refonte du zinc.

On adapte les ballons avec leur tuyau vertical à l'échancrure supérieure des grands bouchons des moufles, tandis que l'échancrure inférieure est fermée par un petit
bouchon ; on lute toutes les fissures et on met les portes
en tôle devant les chapelles, afin de réchauffer les ballons
et les tuyaux d'écoulement.

Dans un four en marche la distillation commence un
quart d'heure après la fermeture des chapelles, mais il
faut 8 à 9 heures pour qu'elle soit arrivée à son plus haut
degré. Le métal pénètre sous forme de vapeurs dans les
ballons, s'y condense et s'égoutte par le tube vertical
dans les boîtes en fer. Il est inévitable qu'une portion du
zinc se brûle au contact de l'air et se dépose sous forme
d'oxyde avec le métal dans les boîtes, dans les ballons et
dans les tuyaux, ou bien il se volatilise, en se répandant
dans la halle de l'usine ; on évalue cette portion de 2 à
4 0/0.

Après 24 heures de distillation, la première charge est
épuisée ; on la remplace par une nouvelle, de la même
grandeur, que l'on introduit par la tête des ballons, sans
retirer les résidus des moufles. Lorsque cette charge a
été épuisée à son tour, on retire les matières inertes par
l'échancrure inférieure de la fermeture du moufle, après
avoir éloigné préalablement les ballons ainsi que les
tuyaux verticaux ; ceux qui sont cassés doivent être rem-
placés.

Ordinairement on règle les chargements de manière

qu'ils ont lieu alternativement aux deux côtés du four toutes les douze heures.

Les résidus qu'on extrait des moufles se composent d'alumine, de protoxydes de manganèse et de fer, d'oxyde de zinc (2 à 5 0/0), de chaux et de magnésie. Lorsque le minerai contient du cadmium, qui se volatilise avant le zinc, on retrouve ce métal, ainsi que son oxyde brun, dans les premières portions du produit distillé ; dans quelques usines silésiennes on les cueille à part pour les traiter ensuite au cadmium.

Le zinc qui s'amasse goutte à goutte dans les réservoirs doit être refondu pour pouvoir être travaillé, ce qui s'opère dans des chaudières en fer de la capacité d'environ 250 kil., établies sur un fourneau auxiliaire. Pour empêcher que le zinc en fusion ne s'oxyde à l'air pendant la fusion, il faut non-seulement éviter une trop forte chaleur qui lui ôterait en outre sa malléabilité, mais au contraire constamment refroidir le bain métallique, en y plongeant de temps en temps du métal solide, afin que la fusion se fasse à la plus basse température possible. Comme le zinc peut s'allier avec le fer de la chaudière et que ce dernier métal le rend cassant et impropre au laminage, on évite cet inconvénient, en déposant dans la chaudière un autre vase de terre réfractaire cuite, de la même forme ; en coulant du sable entre les deux vases, on obtient la résistance voulue par le poids du bain métallique, car le contact de leurs parois se trouve parfaitement établi.

Pendant 24 heures un four à 10 moufles produit 115 à 162 kil. de métal avec 550 kil. de calamine calcinée, et la consommation de houille est évaluée à un mètre cube

7*

pour 100 kil. de zinc marchand ; la perte effective en métal s'élève à 8 0/0.

Ce fourneau primitivement en usage dans la Haute-Silésie, en Pologne, en Cracovie, en Galicie et en Suisse, s'est répandu rapidement, parce qu'il offre d'énormes avantages sur les autres modes de fabrication, qui ont été abandonnés depuis longtemps.

C'est avec intention que nous avons successivement passé en revue les différentes phases de la fabrication du zinc, ainsi que les détails des fours à zinc, afin de démontrer que la chaleur est l'un des principaux agents dans cette branche de la métallurgie. En examinant de près ce four de Silésie, on y reconnaîtra aussitôt des vices nombreux qui entraînent nécessairement un excès de dépense dans la consommation du combustible, formant une des plus larges parts des frais de fabrication. D'abord l'emplacement des cheminées est choisi de manière à accélérer la distillation dans les quatre grands moufles des encoignures du four, au détriment des 6 moufles du milieu, sans atteindre entièrement le but proposé, puisque les premiers restent néanmoins en retard. La soustraction à la chaleur du four des devantures de tous les moufles, et leur contact continuel avec l'air ambiant de la halle, dérobent au moins le quart de chaque moufle à l'effet utile de la chaleur qu'on a pu développer inégalement, et avec peine, dans toutes les parties du four. L'alimentation d'une grille longue par un tisard unique, établi d'un seul côté du four, présente des obstacles non moins sérieux à une combustion parfaite et régulière.

Quoique le zinc ait trouvé, dans les derniers temps, de nouveaux et d'immenses débouchés, il est évident que sa

consommation augmenterait davantage, si l'on parvenait
à en abaisser le prix de vente à l'aide de moyens économiques de fabrication. Une réduction notable de la consommation du combustible et du temps employé à la
fabrication conduirait infailliblement à ce résultat.

Les fours silésiens paraissent avoir été copiés sur les
anciens fours de fusion carrés de verre à vitre, généralement en usage il y a vingt ans ; pourquoi ne continuerait-
on pas d'appliquer à la fabrication du zinc les progrès
immenses qui ont été faits depuis dans l'art de la vitrification, et que nous avons signalés ci-dessus, en traitant des
fours de fusion à chaleur concentrée, dans lesquels non-
seulement le combustible solide a cédé la place au combustible gazeux, mais où le calorique perdu est employé
au bénéfice du four lui-même, en surchauffant l'air atmosphérique nécessaire à la combustion parfaite.

En augmentant, pour un temps donné, la température
dans le four à l'aide d'un combustible de qualité inférieure et à bon marché, on pourrait évidemment augmenter la capacité des moufles et par conséquent en
grossir les charges de calamine, ce qui produirait une
grande économie. Comme ces résultats importants ont
été atteints dans la verrerie, nous nous sommes occupé
sérieusement d'appliquer ces modifications à un four à
zinc, et nous soumettons à l'appréciation des fabricants
de zinc le résultat de nos laborieuses investigations, d'où
découleront pour eux, nous l'espérons, de nouvelles
sources de richesses. Au lieu d'employer la forme
carrée, nous insistons pour la forme ronde du four à
grand tirage, dans lequel nous installons des moufles
isolés d'égale grandeur, et baignés, de tous les côtés, des

flammes, que nous y appelons forcément sans différence
pour aucun. De ces dispositions résulteront déjà infailliblement de grands avantages sur les anciens fours de
Silésie, car la distillation se fera uniformément dans
toutes les parties du moufle, plus promptement et dans
tous à la fois. Ces avantages augmenteront évidemment
par l'emploi du combustible gazeux, dont la combustion
régulière et parfaite n'exige point, de la part du chauffeur, autant d'intelligence, d'adresse et de fatigue que le
combustible solide.

Comme la prospérité d'une usine à zinc dépend en
grande partie de la solidité des moufles et des fours, il
est évident que l'étude des terres plastiques réfractaires
et de leur emploi utile est de toute nécessité. Avant de
passer à la description du nouveau four à zinc, nous renvoyons le lecteur au *Verrier du XIXᵉ siècle*, ouvrage
dans lequel nous avons traité en détail de la fabrication
des briques réfractaires du four ainsi que de la construction des fours ; nous y avons donné en outre les analyses
des argiles réfractaires les plus réputées en Europe, ainsi
que leurs qualités principales. Les résultats divers de ces
analyses nous ont amené à découvrir des moyens faciles
de constater à l'avance la propriété d'une terre argileuse
quelconque ; elle demande une quantité de cément, en
rapport avec la plus ou moins grande quantité d'alumine
libre que l'analyse aura fait reconnaître dans sa constitu-
tion. Contrairement aux usages établis, nous avons cons-
taté dans toutes les analyses des argiles examinées la perte
d'eau, la quantité d'alumine libre, ainsi que la quantité de
la combinaison naturelle d'alumine et de silice ; toutefois,
en omettant involontairement d'indiquer le procédé d'ana-

lyse suivi. Après avoir satisfait par correspondance privée aux justes réclamations qu'ont bien voulu nous adresser à ce sujet quelques souscripteurs bienveillants, nous avons encore communiqué ce procédé à M. V^{or} Meunier, administrateur gérant du *Courrier des Sciences, de l'Industrie et de l'Agriculture*, qui a eu l'obligeance de le publier dans le n° 9 du 1er mars 1863, et dont voici la reproduction.

PROCÉDÉ D'ANALYSE DE TERRES D'ALUMINE.

« En donnant l'analyse du remarquable ouvrage publié sous ce titre : *Le Verrier du XIXe siècle*, par M. Pierre Flamm, ancien directeur de verreries et aujourd'hui fabricant d'aiguilles à Phlin (Meurthe), nous avons exprimé le désir de connaître un procédé d'analyse d'un grand intérêt pratique, que l'auteur s'était borné à indiquer. M. Flamm, répondant à notre invitation avec un empressement dont nous le remercions, veut bien nous adresser la lettre suivante :

Phlin, 24 février 1863.

A Monsieur le rédacteur en chef du *Courrier de l'Industrie*.

J'ai vu avec plaisir, par le numéro 8 de votre intéressant et utile journal, le *Courrier de l'Industrie*, que la lecture du *Verrier du XIXe siècle*, a pu vous intéresser au point de lui consacrer une analyse détaillée.

Vous avez eu l'obligeance de signaler une lacune regrettable dans cet essai sur la vitrification moderne ; je m'empresse de la combler par la voie que vous avez bien

voulu mettre à ma disposition, en transcrivant ici les
procédés qui ont été suivis dans les analyses des différents échantillons de terre d'alumine mentionnées au
chap. III, et à l'aide desquels on parvient à isoler l'alumine libre et la combinaison naturelle de silice et d'alumine qu'une terre réfractaire contient.

En général l'analyse des argiles réfractaires est moins
difficile que lente et ennuyeuse, puisqu'on ne peut arriver à quelque résultat certain qu'en répétant plusieurs
fois les mêmes opérations.

Avant de rechercher les propriétés chimiques d'un
échantillon, on doit s'occuper de son état physique, constater la quantité d'eau qu'il renferme, sa pesanteur spécifique, sa fusibilité, la manière dont il se comporte à une
haute température, etc.

Après avoir examiné les substances solubles dans l'eau,
on soumet à l'analyse les corps insolubles en les traitant
successivement comme suit :

Premier traitement par l'acide chlorhydrique. —
L'échantillon de terre ayant été chauffé au rouge pendant
un quart d'heure, on l'introduit pulvérisé et humecté
d'eau dans une éprouvette de verre, et on verse dessus
peu à peu de l'acide chlorhydrique, jusqu'à ce que toute
effervescence cesse, et qu'il y ait excès d'acide.

On chauffe pendant une heure au bain-marie, en em-
pêchant soigneusement l'ébullition ; ensuite on filtre, on
lave le résidu à l'eau distillée, on examine la liqueur et
on soumet les matières solides au *deuxième traitement
par l'acide sulfurique concentré.* — Celui-ci consiste à
enlever le résidu du filtre et à le sécher, à l'introduire
dans un creuset de platine, à verser dessus de l'acide sul-

furique concentré, et à évaporer à siccité sous le manteau de la cheminée. Après avoir versé dans le creuset de l'eau distillée, légèrement acidulée d'acide chlorhydrique, on examine la liqueur ainsi obtenue.

Le plus souvent les matières solides résultant du deuxième traitement contiennent des parcelles de quartz mélangées, que l'on en sépare par un *troisième traitement par le carbonate de potasse, ou par la lessive de soude caustique.* — Le quartz est soluble dans des liqueurs alcalines. A cet effet, on introduit la masse obtenue par le premier ou le deuxième traitement avec le filtre dans un creuset, que l'on chauffe jusqu'à ce que le papier se consume. La poudre doit être traitée ensuite dans une éprouvette par la soude caustique, pas trop forte, ou par le carbonate de potasse, en portant à l'ébullition. L'acide silicique passe par le filtre, et le résidu insoluble est la combinaison naturelle *silico–alumineuse* (Al Si^5 = 2374,270).

L'alumine libre se trouve dans les dissolutions précédentes, et on y découvre rarement de l'acide silicique isolé.

On traite ensuite la combinaison silico-alumineuse soit par l'acide hydrofluorique, procédé indiqué à la page 9, ou bien par celui décrit à la page 60 du *Verrier du XIXe siècle.*

Cependant les silicates, en général, peuvent contenir beaucoup d'autres bases, parmi lesquelles la soude et la potasse. A défaut d'acide hydrofluorique, il est prudent de les soumettre alternativement à deux traitements différents, le premier consistant à fondre un mélange d'une partie de matières insolubles et de 6 parties de carbonate

de soude, alors toutes les autres bases sont faciles à découvrir ; le second, à fondre une partie du résidu avec
dix fois son poids de carbonate de baryte, d'où résultera
la découverte facile des alcalis.

Toujours à défaut d'acide hydrofluorique on peut suivre un troisième procédé fort usité en Allemagne pour
préparer à la dissolution des substances alumineuses, en
fondant une partie de celles-ci avec 6 parties de bisulfate
de potasse, et en dissolvant la masse dans de l'eau légèrement acidulée d'acide chlorhydrique.

Les silicates d'alumine deviennent souvent plus solubles par ce procédé que par les deux traitements antérieurs.

Plusieurs questions importantes se présentent naturellement lorsqu'on découvre dans les argiles réfractaires
d'une part de l'*alumine libre* et *du quartz grenu isolé*
et d'autre part, la combinaison *silico alumineuse*, dont
nous abandonnons la solution aux savants chimistes !
savoir :

L'acide sulfurique concentré, employé au deuxième
traitement, a-t-il enlevé de l'alumine aux silicates de
cette base ? dans ce cas, pourquoi la silice isolée se pré-
sente-t-elle dans la masse insoluble sous forme de grains
de sable, et non sous celle de pâte amorphe ?

Doit-on considérer la silice comme étant mécaniquement ou accidentellement mélangée avec l'argile, et l'alumine comme étant insuffisamment combinée aux silicates
de cette base depuis l'époque où la désagrégation de
roches de feldspath, de granit et autres, ainsi que leur
transport par les eaux ont eu lieu ? ou enfin les argiles
primitivement délayées et composées de roche de toute

nature n'ont-elles pas subi sous l'influence du fluide électrique terrestre, de la chaleur, de l'eau salée, de l'atmosphère, de la pression, etc., des transformations différentes, sans provenir d'ailleurs d'une seule espèce de roches désagrégées ?

Quoi qu'il en soit, je me borne à signaler les faits suivants assez intéressants : que les argiles réfractaires présentent, traitées par le procédé d'analyse indiqué ci-dessus, plus d'alumine libre les unes que les autres ; que cette quantité est presque constante pour chaque espèce, et enfin que dans la pratique la terre subira le plus grand retrait à la haute température qui aura donné le plus d'alumine libre.

Je saisis cette occasion pour faire observer que les analyses du *Verrier du XIXe siècle* ne font aucune mention de la silice libre, parce que j'ai cru devoir la considérer comme mélangée accidentellement et non comme combinée chimiquement aux différentes argiles examinées. »

Veuillez agréer, etc.

P. FLAMM.

DESCRIPTION DU NOUVEAU FOUR CIRCULAIRE A ZINC.

(*Fig.* 19 et 20, *pl.* III).

Autour du foyer B, sur les siéges C, reposent douze moufles fermés (43), munis de leurs ballons en terre (44) et de leurs tuyaux verticaux (45), qui aboutissent dans les vases en fer (47), où s'amasse le zinc métallique provenant de la distillation. Douze piliers réunis à leur som-

met par autant d'arceaux, supportent la couronne ou la
voûte du four, et forment douze ouvertures par lesquelles on introduit les moufles dans l'intérieur du four.
Ces ouvertures sont fermées par des portines G ou
plaques en terre réfractaire; chacune d'elles est pourvue, à son bord inférieur, d'une échancrure carrée qui
sert d'issue aux flammes; chacun de ces trous carrés est
mis en communication avec sa cheminée de droite et de
gauche au moyen d'une boite en terre réfractaire H qui,
posée devant les portines G, forme un tube parfait. Une
vanne se trouve au centre de la boite, dirigeant à volonté et alternativement les courants de gaz brûlé, tantôt
dans les cheminées F vers la cheminée d'appel M, et en
même temps ceux de l'air atmosphérique surchauffé dans
le réservoir à air par les cheminées S, tantôt les premiers
courants dans les cheminées S' et les derniers dans celles
désignées par F, de manière que les courants deviennent
alternativement descendants ou ascendants dans la même
catégorie de cheminées, puisque le distributeur (38, 39),
décrit ci-dessus, force à la fois l'air froid aspiré à s'é-
chauffer en parcourant les contrariétés incandescentes
établies sur la couronne du four et à laisser échapper par
la cheminée d'appel les gaz brûlés après qu'ils ont déposé
leur calorique dans les contrariétés refroidies par les courants d'air atmosphérique froid.

Cet effet simultané se produit comme suit : vis-à-vis
de chaque échancrure, au centre de la boite H, part un
conduit vertical percé dans les siéges, pour se diriger ensuite horizontalement et aboutir dans la chambre à air
qui entoure le foyer. Les douze vannes, ainsi que le mouvement de un vingt-quatrième de tour qu'on fait faire au

distributeur (58, 59), produisent l'interversion des courants comme il a été expliqué au four de fusion de verreries. Comme il n'y a pas de coulage des moufles à
craindre dans les fours à zinc, les fluides gazeux combustibles au lieu d'arriver latéralement, pénètrent verticalement dans le foyer par son centre, dessous la plaque R,
dont ils frappent la surface inférieure ; cet obstacle les
fait dévier de leur droit chemin pour aller se mélanger
avec un grand nombre de jets minces d'air atmosphérique jaillissant horizontalement à la rencontre du gaz
et venant de la chambre à air ; ce mélange en combustion
monte rapidement vers la couronne du four, et les
flammes attirées par les issues se renversent, enve-
loppant les moufles de tous les côtés, et s'échappent
du four derrière leur centre, au niveau des siéges, d'où
il résulte un plus grand effet utile sur le minerai qu'ils
renferment et, par conséquent, une accélération dans la
distillation ; et comme la chaleur est également répartie
pour tous les vases du four, il s'en suit que l'épuisement
du minerai a lieu dans chacun d'eux au même moment ;
on n'est donc plus obligé de renoncer à l'oxyde de zinc
renfermé dans les résidus des moufles en retard, ou de
perdre un temps précieux et du combustible, si l'on voulait l'extraire quand même.

L'économie de combustible et de temps, réalisée en
verrerie par cet agencement, nous fait présager de pareils
avantages dans la fabrication du zinc, en employant les
modifications que nous venons de proposer.

XII

Four à gaz à feu continu, destiné à la cuisson des briques, des tuiles, de la poterie, de la faïence, de la porcelaine, de la chaux, et où le calorique perdu est utilement employé au chauffage de l'air ainsi qu'au séchage des objets à cuire.

La fabrication des tuiles et des briques se divise en quatre phases principales, savoir : le pétrissage, le moulage, le séchage et la cuisson; la dernière a besoin d'une grande chaleur que l'on développe dans un four, soit qu'il ait été construit en plein air avec des briques sèches que l'on veut cuire, et qu'on appelle *four de campagne*, soit qu'il ait été construit en maçonnerie à demeure.

Dans les premiers on brûle de la houille menue, de la tourbe, ou du lignite imparfait; à cet effet, on établit plusieurs foyers avec des briques cuites qui ne sont rien autre que plusieurs couloirs produits par des murs parallèles, et dans lesquels on dépose de la paille, du bois et de la houille prêts à être allumés ; sur ces murs on range des briques cuites, de manière qu'elles recouvrent ces foyers, en laissant cependant de distance en distance un grand nombre d'ouvertures par lesquelles les flammes puissent s'échapper plus tard. Sur les fondations on dé-pose à plat deux couches de briques crues, mais de façon que celles de la couche supérieure se croisent avec celles de la couche inférieure et que les lunettes communiquant avec les foyers soient convenablement réservées. Après avoir répandu de la houille ou d'autre combustible menu dessus ce premier pavé, on continue ainsi de suite la construction du four jusqu'à la hauteur voulue, en met-tant du combustible entre chaque lit de briques, et en for-mant ses parois extérieures en murs épais et légèrement retraités vers le haut. Ceci étant fait, on bouche tous les joints, on revêt toutes les faces d'une épaisse couche de mortier d'argile et on y met le feu.

La conduite du feu de ces meules exige une grande attention, puisqu'étant isolées et en plein air, les vents et les intempéries agissent sur elles d'une manière nuisible ; on les garantit du vent en établissant des paravents au moyen de paillassons dressés.

Il est aisé de comprendre que les briques produites dans ces fours de campagne varient entre elles de forme, de couleur, de sonorité et de dureté, suivant la place qu'elles y ont occupée. Celles de l'intérieur de la meule sont souvent trop cuites, tandis que celles du pourtour ne le sont pas assez ; des couches entières, et surtout celles qui ont servi de parois aux lunettes et conduits des flam-mes, forment des conglomérations par l'effet d'un excès de chaleur, qui a fait fondre l'argile ferrugineuse ; il n'est donc pas étonnant que les fours de campagne produisent beaucoup de déchets et ne soient en usage que là, où le combustible est à bon marché.

Les fourneaux à briques maçonnées varient beaucoup entre eux par leur forme et par leur capacité, suivant la nature du combustible à brûler et l'importance de l'exploitation de la briqueterie ou de la tuilerie.

Ces fourneaux sont ordinairement des espaces rectangulaires hauts et étroits, ou bien bas et allongés, circonscrits par des murs et quelquefois couverts d'une voûte. Suivant les circonstances, ces fours ont un ou plusieurs foyers voûtés formés par de petits murs minces parallèles et laissant plusieurs couloirs étroits, sur lesquels on range les briques à cuire comme il a été expliqué pour les fours de campagne. La devanture du four est fermée par un mur en briques crues, dont la face extérieure est revêtue d'un enduit de mortier d'argile.

Pour que la chaleur pénètre bien toutes les briques, en les pose sur champ, en zigzag, en ayant soin de ménager un nombre suffisant de conduits, que l'on produit en observant sur ces lignes un écartement convenable entre les briques, qui sont également posées en zigzag.

La durée d'une cuisson dépend du volume des briques crues ainsi que du nombre de foyers du four. D'abord, on y entretient un feu très faible dans le but de préparer les briques à recevoir une très haute température sans se difformer, se fendre ou éclater; cette période s'appelle *enfumage*. Peu à peu la chaleur pénètre toutes les briques, et quand les couches supérieures ont atteint le degré de température voulue, qui dépend naturellement de la qualité de l'argile employée à la fabrication, on ferme hermétiquement les foyers, ainsi que toutes les issues, et puis on laisse refroidir lentement, en abandonnant le four à lui-même.

Depuis longtemps on s'est occupé d'améliorer les fours à briques, dans le but soit de réduire la consommation de combustible, soit d'obtenir des produits plus parfaits, soit enfin d'arriver à une production plus grande. La plupart de ces modifications visaient principalement à l'application utile du calorique perdu du four au séchage des briques, étalées sur des séchoirs, en établissant des canaux dans l'épaisseur des murs du pourtour, servant à diriger l'air chaud dans les chambres à sécher, ou bien dans les fours voisins de celui en feu et remplis de briques crues, prêtes à subir la cuisson.

Il en est résulté l'invention des fours circulaires à 12 ou plus de compartiments, séparés entre eux par des registres mobiles, et dont chacun est pourvu d'un foyer et d'un canal versant les gaz brûlés dans une cheminée d'appel commune à tous. Quoique ces nouveaux fours offrent, sous tous les rapports, des avantages considérables sur les anciens, puisque, d'une part, la chaleur rayonnante des briques incandescentes et abandonnées à un refroidissement lent est transmise à l'air atmosphérique nécessaire à la combustion et forcé de parcourir ces compartiments remplis de briques chaudes, avant de pouvoir arriver dans le foyer du compartiment en marche de cuisson, et que, d'autre part, non-seulement la chaleur rayonnante de celui-ci se transmet aux briques sèches renfermées dans les compartiments adjacents, mais aussi les gaz brûlés sont forcés de les parcourir avant de pouvoir atteindre la cheminée d'appel, d'où il résulte que les briques auront atteint une haute température, lorsque leur tour de cuisson sera venu. Mais les frais considérables de leur construction, ainsi que l'énorme superficie qu'ils occupent rendent ces fours inaccessibles à la bourse de la plupart des petites tuileries et briqueteries.

Nous avons cherché non-seulement à faire disparaître ces inconvénients, mais aussi à réduire considérablement la consommation du combustible, en supprimant d'abord tous les foyers, en donnant ensuite à l'ensemble du four à système continu la forme d'un rectangle oblong, en harmonie avec la plupart des édifices ordinaires, et en employant comme foyer commun un générateur locomobile à gaz sans brûleur, roulant sur des rails et pouvant desservir successivement tous les compartiments. Les figures 21, 22 et 23, pl. IV représentent ce four ; la première en donne la coupe en élévation, la seconde celle en plan et la troisième celle en profil en travers de la cheminée d'appel.

A murs d'enceintes de huit fours continus, désignés par les nos 1 à 8 ; ces compartiments mesurent chacun 4m,00 de longueur, 2m,00 de hauteur et 2m,00 de profondeur, communiquant entre eux par des ouvertures F, que l'on peut fermer à volonté au moyen des plaques en terre cuite, glissant dans des coulisses saillantes en maçonnerie, et entrant par des fentes qui ont été ménagées dans la voûte ; de cette manière on peut à volonté rompre ou établir la communication entre tous les compartiments contigus. Aucun d'eux n'est muni d'un foyer ; mais une aire horizontale en briques, sur laquelle on dépose les briques sèches à cuire, règne dans le même plan pour tous.

Dans la façade antérieure de chaque côté du four il y a,

dans chaque compartiment, une porte d'entrée G ; un canal vertical K, pratiqué dans l'aire, près de la paroi du fond, communique avec un canal B commun à tous, situé derrière tous les compartiments, et aboutissant à la cheminée d'appel C, pour y jeter les gaz brûlés. — Les orifices de sortie D de ces canaux verticaux dans le principal canal B sont munis chacun d'un couvercle en tôle suspendu à un levier à bascule et fonctionnant en guise de registre ; lorsque le couvercle est abaissé, il couvre l'orifice de son canal et l'action de la cheminée d'appel sur lui est annihilée.

Supposons maintenant ce fourneau à système continu en pleine activité, que la chambre n° 5 soit en train de cuisson, que cette opération ait été précédemment et successivement accomplie dans les chambres n°s 1, 2, 3 et 4 et cela dans l'ordre que nous venons d'indiquer, et qu'enfin, les n°s 6, 7 et 8 contiennent des briques séchées prêtes à subir la cuisson suivant leur tour de succession, on doit fermer tous les couvercles D à l'exception de celui qui commande le tirage de la chambre n° 8 ; il est seul ouvert ; on isole la chambre n° 1, en interrompant ses communications avec les chambres adjacentes n°s 2 et 8, par l'introduction des plaques de séparation F dans les fentes et les coulisses respectives. Après avoir bouché toutes les entrées G, à l'exception de celles des chambres n°s 5 et 2, on roule le générateur allumé devant cette première, en établissant la communication au moyen d'un tube approprié à l'orifice de sortie du générateur. Pendant que le n° 5 est en feu, on peut défourner les briques refroidies du n° 1 et les remplacer par une nouvelle charge de briques sèches crues sans arrêter la marche du four, après

quoi on le met en communication avec la chambre n° 8
par le moyen suivant : on retire la plaque de séparation
entre les n°ˢ 8 et 1, on ouvre le registre D du n° 1 en
abaissant celui du n° 8 et en fermant la porte d'entrée A
du n° 1.

Le four ainsi disposé fonctionnera avec une légère dépense de combustible; car deux courants distincts s'établissent simultanément, savoir : celui d'air froid, désigné
par deux flèches et servant à l'alimentation du gaz fourni
par le générateur, pénètre par l'entrée de la chambre n° 2,
s'échauffe sur son parcours par les chambres inégalement
chaudes 2, 3 et 4, et arrive incandescent dans n° 5 en feu,
après avoir refroidi les briques cuites renfermées dans
ces chambres ; le courant d'air brûlé et incandescent
marqué par une flèche est appelé dans le même moment,
pendant la période antérieure au défournement du n° 1,
par le canal vertical ouvert de la chambre n° 8, et ensuite
par la lunette D du n° 1 qui aura été rempli de nouveau
de briques crues. Il communique sa chaleur successivement aux briques des n°ˢ 6, 7, 8 et 1, où sa température
s'abaisse considérablement, et se rend finalement dans la
cheminée d'appel C.

Quant au foyer commun à toutes les chambres, il consiste en un générateur à gaz locomobile, roulant sur une
voie ferrée qui règne tout autour du four, et tel que nous
l'avons proposé à l'usage des chaudières à vapeur. Suivant la nature du combustible on emploie des modèles
différents, savoir : celui avec grille à gradins pour la
houille et les lignites, celui sans grille pour les combustibles légers et spongieux ne produisant point de scories.

On établit la communication du générateur avec la

chambre à mettre en feu au moyen d'un tube carré en fonte qui s'adapte d'un côté dans l'orifice du premier et de l'autre côté dans un trou carré, dont chaque portine des chambres est pourvue, et que l'on bouche au moyen d'une autre plaque après la cuisson terminée.

Pour éviter l'installation de plaques tournantes coûteuses aux quatre coins du four ou de chariots supports, on établit à ces endroits un pavé fait avec des plaques de fonte unies, posées au niveau des rails ; ce mode est satisfaisant pour que deux hommes ou plus puissent diriger le générateur de l'une sur l'autre des voies. ferrées ; il suffit pour cela qu'ils soient munis de leviers pour pouvoir exécuter facilement cette manœuvre suivant les besoins ; d'ailleurs, cette opération n'a lieu qu'à des intervalles assez longs, et on trouvera facilement dans une tuilerie des hommes qui puissent donner momentanément un coup de main.

Le dessus des voûtes du four est nivelé et carrelé et un petit mur d'enceinte règne autour des bords du pavé ; les fentes des registres F sont munies également d'un rebord en fonte, car cette plate-forme sert de dépôt au combustible à employer, et qui, étant en contact avec la voûte chaude, aura le temps de se dépouiller de son humidité. Un petit pont mobile en madriers établit la communication entre la plate-forme et la trémie du générateur locomobile.

En construisant un four à système continu, il faut assainir d'abord les fondations, qui consistent en maçonnerie ordinaire en moellons de $0^m,60$ de hauteur, suivant le contour des murs d'enceinte. Après avoir établi les canaux D et rempli de débris menus de tuiles ou de briques

damés les encaissements formés par les murs de fondation, on exécute le pavé uni en carrelage ou en briques
avec du mortier d'argile ; là-dessus on élève les murs de
pourtour, les saillies à coulisse F , le canal commun B ,
ainsi que la cheminée d'appel C.

Pour ne pas perdre du calorique par le rayonnement à
travers la maçonnerie d'enceinte, il faut garnir l'intérieur
des compartiments en briques réfractaires posées à plat ,
et laisser entre elles et les murs d'enceinte un espace
libre de 5 centimètres que l'on remplit avec du sable sec
et damé.

En examinant l'ensemble de ce four à système continu
et en le comparant aux fours anciens , on remarquera
aussitôt qu'il doit résulter de son emploi une grande économie en temps et en combustible , puisqu'on bénéficie
non-seulement des avantages découlant de la combustion
du gaz, que l'on peut produire avec du combustible sans
valeur pour les fourneaux à grille vive, ainsi que du foyer
locomobile applicable successivement à toutes les chambres sans éteindre le feu, mais on utilise aussi le calorique perdu, renfermé dans les briques cuites dont le refroidissement lent et progressif sert à échauffer l'air
atmosphérique froid nécessaire à la combustion, et dont
le mélange avec le gaz s'opère dans la chambre en feu ,
et à enfumer les briques crues, tandis que celles qui sont
déposées dans la chambre adjacente à celle en feu auront
déjà acquis une température de rouge-cerise au moment
d'y appliquer le générateur à gaz, calorique qui se perd
totalement dans les fours ordinaires ; il est, du reste, évident qu'on peut étendre le nombre de chambres à 12 ou
plus ; il est limité à celui qui livrera l'air brûlé dans la

cheminée d'appel presque froid ; celle-ci doit augmenter
en hauteur selon le nombre de compartiments qu'on veut
établir dans le four, afin d'en augmenter le tirage en
raison de l'augmentation des obstacles que l'on aura
opposés aux gaz brûlés.

Lorsqu'on enfourne des briques crues dans une de ces
chambres, il est de toute urgence de les arranger avec
beaucoup de discernement et de ménager, dans le tas, des
conduits d'une largeur et d'une hauteur en rapport avec
le volume d'air et de gaz qui devra les parcourir. Ces
canaux sont formés avec des briques ou des tuiles crues,
légèrement distancées entre elles et posées en zigzag, et
sont circonscrits par des parois massives en briques crues
serrées les unes contre les autres. C'est à dessein que les
portes d'entrée et les lunettes qui conduisent les fluides
gazeux brûlés dans la cheminée d'appel, se trouvent presque sur la diagonale du compartiment, afin de pouvoir
allonger autant que possible le chemin que ces fluides ont
à parcourir pour y arriver.

Voici la disposition générale d'une chambre remplie de
briques crues ; les parois sont tapissées d'une chemise
en briques crues serrées, posées à plat et à recouvre-
joints. Cette chemise est à claire-voie, vis-à-vis des ouvertures de communication F entre les chambres, et ouverte
vis-à-vis de la porte G de la chambre. Chaque chambre
est divisée en quatre compartiments égaux par trois murs
massifs parallèles, en briques crues, dont le premier et le
troisième ont une partie à claire-voie près de la voûte, et
le deuxième près du pavé ; l'intérieur de ces quatre espaces est garni de briques ou de tuiles crues superposées
en couches formées de lignes en zigzag, légèrement espa-

8*

cées, de manière que le gaz du générateur, appliqué à l'entrée de la chambre en feu, puisse se mélanger avec l'air surchauffé, venant des chambres voisines remplies de briques cuites chaudes, et suivre les canaux ainsi formés avec des briques crues, pour se rendre à la cheminée d'appel, après avoir parcouru toutes les chambres garnies de briques crues. Ces courants sont par conséquent serpentant et sans solution de continuité, c'est-à-dire que, dans chaque chambre, ils sont forcés de frapper deux fois la voûte et trois fois le pavé, avant de se rendre dans les chambres suivantes, où ils répètent les mêmes mouvements alternativement ascendants et descendants ; il est donc bien entendu qu'en enfournant les objets à cuire, l'ouvrier doit observer cet agencement.

Quand la cuisson est ainsi terminée dans la chambre n° 5, on en ferme l'entrée et on roule le générateur vis-à-vis de l'embouchure du n° 6, après quoi on isole la chambre n° 2 pour en défourner les briques cuites et la remplir de briques crues, en interposant entre les chambres n° 2 et n° 3 une plaque F. Pendant que la cuisson a lieu dans le n° 6, l'air atmosphérique afflue par l'entrée A de la chambre n° 5, et aussitôt que la chambre n° 2 a été remplie de nouvelles briques, on retire la plaque F entre les n°s 1 et 2, on abaisse la cloche D correspondant au n° 1 et l'on ouvre celle du n° 2. C'est ainsi qu'on traite successivement toutes les chambres, les unes après les autres, sans être arrêté un seul instant dans la fabrication.

Pour ce qui concerne le choix des argiles, leur mélange avec le cément, le pétrissage et le moulage des briques réfractaires, nous renvoyons aux chap. III et IV du *Verrier du XIXe siècle*.

Ce système est également applicable à la cuisson de la chaux et du plâtre, dont le même ouvrage a donné les détails de fabrication.

XIII

Four à système continu, à gaz, avec emploi utile de la chaleur perdue, appliqué à la cuisson de la porcelaine, de la faïence, de la poterie, et en général aux arts céramiques.

Les objets en porcelaine, en faïence ou en poterie, après avoir été façonnés, soit par le moulage, par le coulage ou bien sur le tour du potier, et soigneusement séchés, subissent la cuisson. Cette opération difficile et délicate se fait dans des fours particuliers, dans lesquels on peut produire et soutenir longtemps une température très élevée ; par conséquent la dépense de combustible est très considérable dans ces industries importantes.

Après avoir déposé les objets à cuire, soit à nu, soit enveloppés d'une chemise en poterie pour les soustraire aussi bien aux courants d'air froid qu'aux émanations sulfureuses, charbonneuses ou autres du feu, qui pourraient exercer une influence nuisible sur les couvertes ou sur les émaux dont ils sont ordinairement revêtus, on entretient d'abord dans le four une douce chaleur, que l'on élève graduellement et insensiblement jusqu'au rouge blanc, degré de température que l'on entretient pendant le temps nécessaire pour que la chaleur puisse pénétrer tous les objets ; puis on bouche toutes les issues et les entrées du four, que l'on abandonne à un refroidissement très lent.

En appliquant notre système de four à ces diverses industries, tout en modifiant les détails, suivant les circonstances nécessitées par chacune d'elles, on réalisera infailliblement une grande économie de temps et de combustible, analogue à celle qu'on en a atteinte dans la fabrication du verre, du zinc, des briques, des tuiles et de la chaux. Les dimensions du four à briques, ci-dessus décrit, conviennent aussi pour le four à faïence et à porcelaine, à moins qu'on ne veuille cuire des objets très volumineux.

Le mode de cuisson de la porcelaine, actuellement en usage, consiste à déposer les objets séchés dans des étuis ou capsules de terre plastique qui les enveloppent et les soutiennent, dans le but de les préserver aussi bien d'un affaissement qui pourrait résulter d'une grande chaleur, que de les soustraire aux effets nuisibles de la fumée et d'autres fluides gazeux auxquels ils seraient exposés. On comprendra facilement combien ces produits occupent d'espace dans le four à cuire ; leurs formes et leurs contours, souvent très irréguliers, nécessitent des étuis très volumineux, ce qui doit nécessairement renchérir la cuisson, car la dépense de combustible est presque la même pour chauffer un four vide qu'un four bien rempli d'objets. On peut donc apprécier toute la valeur de l'intéressante invention du mode d'*encastage* faite par M. Regner, de la manufacture de porcelaine de Sèvres, livrée gracieusement à la publicité par son célèbre directeur, M. Brongniart, et qui consiste à remplacer les capsules par des bagues et des étuis superposés ou empilés, renfermant une multitude d'objets à cuire de la même forme et du même volume ; chaque pièce y trouve son appui nécessaire, sans être en contact direct avec ses semblables de la même pile, et cet agencement est fait avec tant de génie qu'il résulte de l'emploi de ce nouveau mode d'encastage des économies notables en volume, et variant, suivant la grandeur des pièces, entre 75 0/0 pour les assiettes et la vaisselle plate, 40 à 45 0/0 pour les saladiers, et 25 0/0 pour les soupières et autres vases de formes analogues.

En employant notre système de four et en multipliant raisonnablement le nombre des chambres, on diminuerait considérablement les risques de casse, puisque le refroidissement gradué des objets cuits, ainsi que le chauffage insensible des produits crus, pourrait être obtenu avec la plus grande précision ; il en résulterait une grande économie de combustibe pour les raisons déjà développées ci-dessus.

Quoique le mode d'encastage de M. Regner soit plus dispendieux que l'ancien sous le rapport de la fabrication des étuis et des bagues, il a cependant atteint indirectement le but principal, l'économie de combustible. Nous prévoyons une nouvelle économie sur le chapitre des *cazettes*, dont les frais seront notablement réduits par l'adoption de notre système de four, puisqu'on n'est pas aussi limité dans l'espace qu'avec l'ancien four et qu'on peut multiplier les chambres autant qu'il faut pour arriver à un refroidissement progressif, sans danger de casse et suivant les besoins de la fabrication, sans augmenter la dépense du combustible.

Ce système de four est également applicable à la cuisson de la poterie ordinaire et à la fabrication d'objets céramiques ; il faudrait toutefois construire les chambres contiguës en harmonie avec la grandeur des pièces qu'on a à y cuire.

XIV

Application du générateur à gaz à la fabrication du fer et de l'acier.

Par suite du succès obtenu par l'emploi utile du gaz qui s'échappe des hauts-fourneaux, on a commencé, il y a vingt ans, à produire du combustible gazeux séparément dans des générateurs, pour le brûler ensuite dans les appareils de chauffage en usage dans les diverses industries métallurgiques. Quoique les premiers essais n'aient pas entièrement répondu à l'attente, on est cependant arrivé rapidement à obtenir des résultats très avantageux et constants, en multipliant les expériences, en modifiant le mode de combustion du gaz, et en changeant judicieusement quelques détails qui composent les fourneaux.

Si l'usage du combustible gazeux a tardé aussi longtemps à remplacer celui du combustible solide dans la plupart des industries, on peut attribuer ce retard à des

causes diverses, qui sont moins dues aux obstacles réels
que présenterait ce mode de produire de la chaleur, qu'à
des motifs pécuniaires, car il entraînerait en quelque sorte
la réorganisation complète de la plupart des usines. En
effet, depuis que les grandes industries s'exercent sur des
échelles immenses, et que leur exploitation est basée sur
l'association du capital, l'ensemble du matériel et des
constructions immobilières représente une très forte part
du fonds social. Que l'on considère, par exemple, la quantité de fourneaux et leur emplacement restreint sur une
petite superficie, indispensables à l'exploitation d'un train
de laminoirs, dont quelques forges ont souvent un grand
nombre réuni dans le même établissement, et l'on comprendra que peu d'usines se trouvent dans une position
financière qui permette de faire tous les sacrifices qu'une
réorganisation complète entraînerait infailliblement si
l'on adoptait les modèles de fourneaux à gaz auxquels on
s'est arrêté après la réussite des premiers essais. On est
autorisé à croire que c'est le vrai motif, puisque l'usage
du combustible gazeux, préparé expressément, ne s'est
introduit encore que dans quelques forges de peu d'importance. Pour aplanir cet obstacle important, nous nous
sommes attaché à maintenir, sinon identiquement la
forme des fourneaux en usage, mais au moins la même
superficie, ainsi que leur position réciproque actuelle
à l'égard des marteaux, des laminoirs et des autres appareils de fabrication existant dans les forges, en appliquant le gaz et le calorique perdu à un four à réverbère.

LES FOURS A PUDDLER ET A RÉCHAUFFER LE FER sont des
fours à réverbères proprement dits, car ils sont construits

de manière à ce que les flammes exercent tout leur effet utile sur les métaux étalés sur l'aire du four. Les fours à griller le minerai, ceux à calciner et autres rentrent dans la même catégorie ; ils ne varient entre eux que par quelques détails appropriés à l'effet utile qu'on se propose d'atteindre dans ces appareils de chauffage.

Comme tous ces fourneaux se ressemblent dans le principe, il suffira de démontrer pour un seul l'application à la fois de la combustion du gaz, de la concentration de la chaleur produite dans le four et du calorique perdu pour pouvoir sans peine appliquer ces sources d'économie à d'autres modèles. Nous choisissons à cet effet le four à puddler le fer, généralement en usage dans les forges à l'anglaise.

Le puddlage du fer a pour but la décarburation de la fonte et sa transformation en fer malléable et ductile. Cette opération consiste à faire fondre la fonte sur l'aire horizontale d'un four à réverbère et à la brasser longtemps au contact des flammes, dans un milieu de scories, jusqu'à ce qu'elle ait perdue son carbone, après quoi on forme avec ce fer affiné des boules que l'on soumet d'abord à l'action du marteau pour en chasser le laitier et les corps étrangers, par la pression, et ensuite à l'étirage.

Les figures 24 et 25, planche IV représentent l'intérieur d'un four à puddler ordinaire, se composant : A du foyer à une grille horizontale ; de B, l'espace à sole horizontale où le brassage de la fonte s'exécute ; de C, l'espace par où s'écoule le laitier après l'opération terminée, et de D, la cheminée d'appel des flammes ; tous ces éléments sont contigus et se suivent dans l'ordre indiqué.

Depuis une vingtaine d'années on a installé à la suite

de deux fours à puddler ainsi que des fours à réchauffer des chaudières à vapeur, sous lesquelles la chaleur perdue passe avant de se rendre dans la cheminée d'appel commune à deux fours ; de cette manière le calorique perdu fournit, sans autres frais que ceux de l'installation de ces générateurs, la force motrice nécessaire au mouvement du train des laminoirs, des scies, des pressoirs et des marteaux ; mais avant de se rendre sous ces chaudières, le calorique perdu échauffe la charge de fonte à soumettre plus tard au puddlage, et qui est déposée sur la partie postérieure de la sole ; cette disposition utile permet qu'un puddleur, assisté d'un gamin, puisse traiter en douze heures de travail neuf à dix charges de cinq loupes chacune de 300 kil. de fonte, soit 13,500 à 15,000 kil.

Par suite de la haute température à laquelle le fer est exposé, une grande portion se volatilise, car le déchet est de 7 0/0, et par conséquent les briques du four sont promptement rongées.

Les figures 26 et 27, pl. IV, indiquent les changements que nous apportons ou plutôt que nous proposons aux fourneaux à réverbères, dont le calorique perdu est utilisé de la manière accoutumée pour produire de la vapeur d'une pression de 5 atmosphères ; chaque four a son générateur à gaz, que nous plaçons à la tête, en remplacement du foyer à grille. Le générateur est à aire en briques, ou à grille à gradins, avec cendrier ouvert ou clos qui, dans ce cas, sert de chambre à air, dans laquelle a lieu l'insufflation d'une portion d'air chaud nécessaire à la combustion imparfaite dans le générateur. L'espèce du combustible décide seule du choix à faire entre la grille et l'aire ; il y aura compensation de l'agrandissement qu'en-

traîne l'emplacement du générateur par celui qu'occupe
la cheminée d'appel des anciens fours, que nous suppri-
mons pour la placer à la suite du générateur à vapeur, si
ce calorique perdu doit être utilisé à la création de la
force motrice, auquel cas l'air atmosphérique à chauffer
doit passer par des tuyaux en fonte qu'on dépose au fond
des carnaux qui conduisent les gaz brûlés sous les chaudières à vapeur dans la cheminée d'appel.

Au lieu de fournir aux flammes une seule issue, nous
les multiplions, mais en observant que la somme de
toutes leurs sections équivaut à quatre cinquièmes de la
plus petite section de la cheminée d'appel ou bien à quatre cinquièmes de la somme de tous les espaces libres de
la grille des anciens fours, et en établissant leurs orifices
un peu au-dessus du niveau de l'aire en nombre égal
de chaque côté du four, mais disposés de manière qu'ils
se trouvent à droite et à gauche des ouvreaux, afin que
l'air ambiant qui y afflue pendant l'opération du brassage
ne refroidisse pas la fonte en fusion. Ces orifices doivent
prendre naissance au-dessus du plus haut niveau que
peuvent atteindre les scories en fusion, de façon qu'elles
ne puissent jamais s'écouler par ces cheminées auxiliaires. De chaque côté du four se trouvent réservés, dans
l'épaisseur des parois, ou accolées suivant les circonstances, trois cheminées auxiliaires descendantes, et une
autre au bout du four à la sortie des scories, ensemble
sept, aboutissant toutes dans un canal en maçonnerie se
trouvant sous sol et qui conduit l'air brûlé sous la chaudière à vapeur et ensuite dans la cheminée d'appel. —
L'air atmosohérique nécessaire à la combustion arrive par
un long tuyau en fonte qui est logé dans le grand canal

souterrain. Après s'être échauffé au contact de la chaleur perdue, l'air se déverse dans l'autel creux qui sépare le générateur à gaz du four à réverbère; le dessus de celui-ci est percé d'une rangée de trous par lesquels l'air atmosphérique s'échappe en jets minces dans l'intérieur du four, et en se mêlant au gaz, leur combustion a lieu.

Lorsqu'on ne veut pas produire de la vapeur avec le calorique perdu mais utiliser celui-ci au chauffage de l'air atmosphérique seul, dans le but de priver le gaz brûlé de son calorique avant de le laisser partir par la cheminée d'appel, on le force de parcourir une longue série de contrariétés établies à demeure au-dessus de la voûte du four, mais à une certaine distance d'elle qui permette sa reconstruction ou sa réparation, ainsi que la circulation de l'air froid entre l'appareil et la voûte; ainsi disposé, il n'enlève à la halle de l'usine aucune partie de la surface du sol.

Dans ce cas on donne une égale superficie ou une égale longueur développée des contrariétés à chaque cheminée auxiliaire; à cet effet, on partage la superficie donnée en sept champs égaux, dont chacun doit être de nouveau subdivisé en deux par une diagonale, pour obtenir ainsi quatorze compartiments, dont un seul sera affecté à chaque tuyau des cheminées auxiliaires; on établit dans chaque compartiment des contrariétés comme la fig. 12 l'indique, en plusieurs couches d'un nombre impair, superposées, et qui communiquent toutes avec la cheminée d'appel. L'issue des flammes du four est disposée de la manière décrite ci-dessus; chacune possède deux tuyaux de cheminée accolées extérieurement contre le four à réverbère comme il a été expliqué pour le four de fusion de verreries, et la communication entre chaque paire s'établit au moyen de boites en terres cuites, renfermant chacune une vanne. Un tube vertical se trouve au milieu de chacune de ces boites qui versent tout l'air chauffé et nécessaire à la combustion dans un tuyau commun, établi dans l'espace vide sous l'aire du four (voyez *fig*. 1, H), et lequel aboutit dans l'autel creux et criblé de trous qui sépare le générateur de l'espace du four (voyez *fig*. 25, G, E). L'air brûlé, au contraire, monte vers les séries de contrariétés établies au-dessus du four pour y déposer son calorique et s'échapper ensuite par la cheminée d'appel.

Un distributeur en fonte, semblable à celui décrit ci-dessus, avec chambre à air, et installé au centre de l'appareil sous la cheminée d'appel, intercepte simultanément la communication de sept séries de contrariétés avec la cheminée et dont les courants d'air atmosphérique deviennent descendants, tandis qu'elle est établie avec les autres séries, dont les courants d'air brûlé deviennent ascendants. En faisant faire au fond du distributeur un quatorzième de tour autour de son centre, et en même temps un quart de tour à toutes les vannes des boites de communication, les courants s'intervertissent subitement, les ascendants deviennent descendants ; l'air froid s'échauffe en parcourant les contrariétés incandescentes pour les refroidir insensiblement, tandis que les descendants deviennent ascendants pour réchauffer de nouveau, par l'air brûlé qui se rend dans la cheminée, les contrariétés refroidies auparavant par l'air atmosphérique descendant.

Plus le parcours de l'air brûlé sera long, plus il se dé-

pouillera de sa chaleur avant d'échapper par la cheminée
d'appel ; on parvient aisément à prolonger ce chemin en
multipliant les dépôts à chaleur, en en augmentant le
nombre de couches superposées.

L'air atmosphérique nécessaire à la combustion est injecté mécaniquement dans la chambre circulaire à air du
distributeur (voyez *fig*. 8, 41) ; de là il passe par les séries
de contrariétés surchauffées, descend par son tuyau de
cheminée auxiliaire par la vanne de la boîte dans les
tuyaux à air qui se trouvent sous l'aire du four, et se rend
dans le brûleur pour se mélanger en une multitude de
jets minces avec les gaz combustibles, pour brûler ensemble dans l'espace libre du four au-dessus de l'aire, où
sont déposés les corps à traiter par la chaleur. Au lieu
de le parcourir avec rapidité pour s'échapper par l'unique
cheminée, placée au bout du four ancien, les flammes
sont attirées simultanément par les sept orifices des cheminées auxiliaires, d'où résulte leur renversement forcé
et leur contact continuel avec les corps à traiter par la
chaleur, et comme la somme de toutes les sections des
issues est plus petite d'un cinquième que la section de la
grande cheminée, les flammes ne peuvent pas s'échapper
prématurément du four en un seul torrent, ce qui produit une parfaite combustion ainsi qu'un effet plus utile
par une concentration de la chaleur.

On peut rendre à volonté les flammes oxydantes et
désoxydantes suivant les besoins des opérations à exécuter dans le four, en réglant convenablement le registre à
air atmosphérique. De même on fait coïncider les charges
de combustible dans le générateur à gaz avec les phases
de la fabrication, qui le permettront sans difficulté. Comme

les charges peuvent se succéder dans les fours à puddler et à réchauffer tous les cinq quarts d'heure, il n'est pas besoin d'établir de grands générateurs à gaz pour ces fours.

DESCRIPTION DU FOUR A PUDDLER LE FER, CHAUFFÉ AU GAZ, A CHALEUR CONCENTRÉE, ET DONT LE CALORIQUE PERDU EST EMPLOYÉ A PRODUIRE DE LA VAPEUR ET DE L'AIR CHAUD.

Figures 26 et 27, planche IV.

A Générateur avec grille à gradins et trémie à tiroir.

I Cendrier.

M Trou bouché par lequel on vide de temps à autre le cul-de-sac.

E Autel creux dont la face supérieure est criblée de trous.

H Orifice des flammes se rendant par les cheminées auxiliaires dans le canal principal F, dans lequel est logé le tuyau à air G qui aboutit dans la chambre à air ou l'autel creux E.

B Espace du four.

K Ouvreau par lequel le brassage a lieu et par où on retire le fer puddlé.

L Ouvreau supplémentaire par lequel la fonte en mor- ceaux est introduite dans le four.

N Ecoulement des scories.

D Carnaux de la chaudière à vapeur.

P Chaudière à vapeur.

CONCLUSION.

Nous pourrions multiplier à l'infini les exemples où les trois sources d'économie de combustible, signalées à plusieurs reprise et réalisées depuis longtemps dans l'industrie verrière, sont appliquées à d'autres industries ; mais il faudrait étendre de beaucoup le cadre restreint tracé pour le présent essai, que nous livrons au public avec l'espoir qu'il l'accueillera avec bienveillance et qu'il n'y verra d'autre motif que le désir de coopérer activement au progrès des connaissances utiles.

FIN.

TABLE DES MATIÈRES.

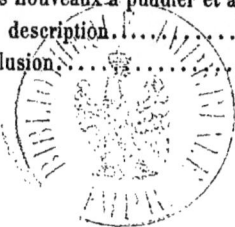

FIN DE LA TABLE DES MATIÈRES.

Nancy. — Typ. A. Lepage.

PL. 1.

Four de fusion de Wernative
à flamme renversée

Fig. 2.

Four de fusion de M. BELLFORD
à grilles fortement chargées.

Fig. 1.

Trois sources d'économie de combustible.

Fig. 6.

Fig. 7.

Régénérateur de la chaleur par M.M. SIEMENS.

Fig. 4.

Fig. 3.

Fig. 5.

Système de contrariétés établi sur la couronne d'un four
de fusion, servant à chauffer l'air.

Fig. 8.

Distribution des
gaz brulés et de l'air
atmosphérique.

Fig. 10.   Fig. 11.

Vannes.

Fig. 9.

Lith. L.Christophe, Nancy.

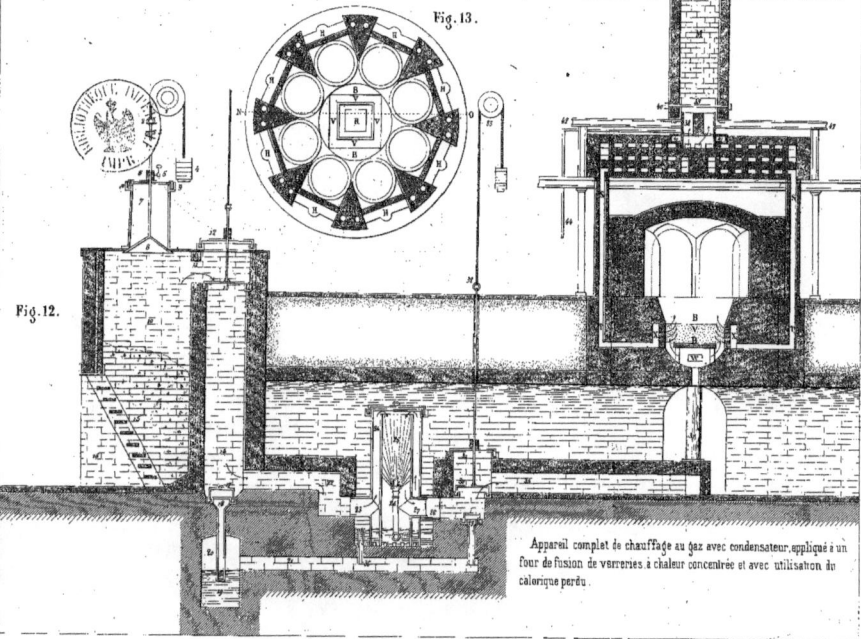

Fig.13.

Fig.12.

Appareil complet de chauffage au gaz avec condensateur, appliqué à un
four de fusion de verreries à chaleur concentrée et avec utilisation du
calorique perdu.

Combustible solide et gazeux.

Fig. 14.

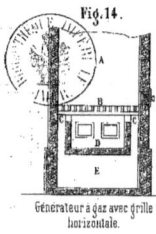

Générateur à gaz avec grille
horizontale.

Fig. 15.

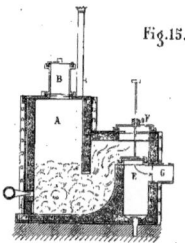

Fig. 19.

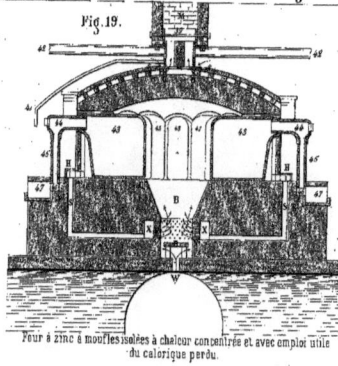

Four à zinc à moufles isolées à chaleur concentrée et avec emploi utile
du calorique perdu.

Fig. 16.

Générateur locomobile à gaz, avec une
grille à gradins, appliquée à la chaudière
à vapeur.

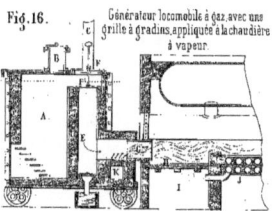

Fig. 18.

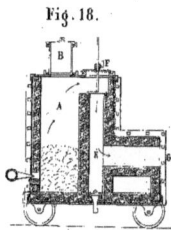

Fig. 17.

Fig. 20.

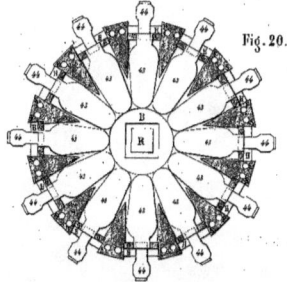

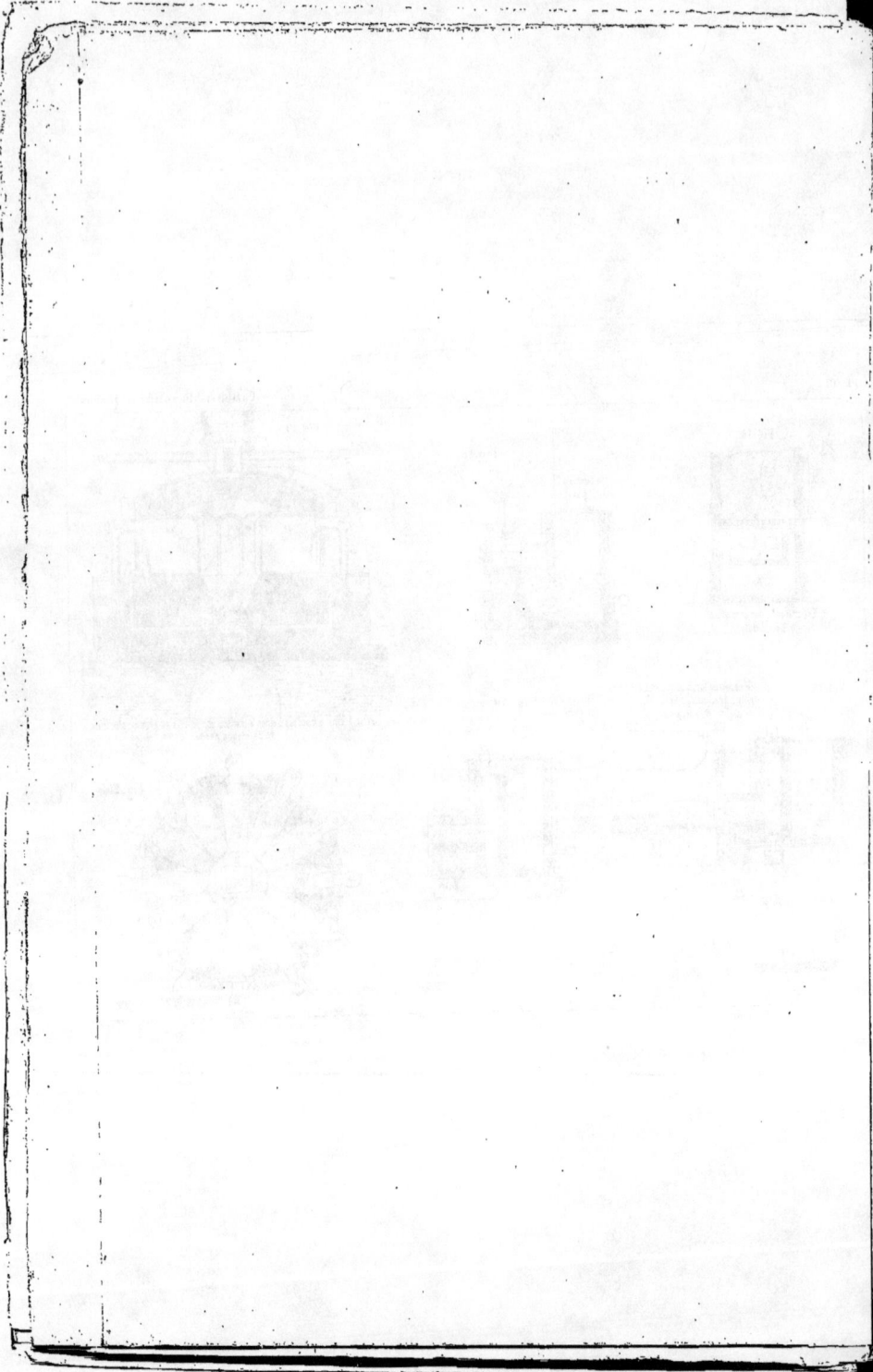

Fig. 21.

Coupe suivant W X

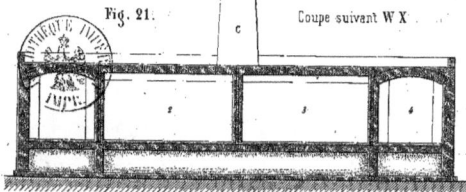

Fig. 23.

Coupe suivant Y Z

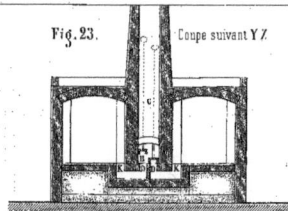

Four à briques à système continu, chauffé au gaz
par un générateur locomobile.

Fig. 22.

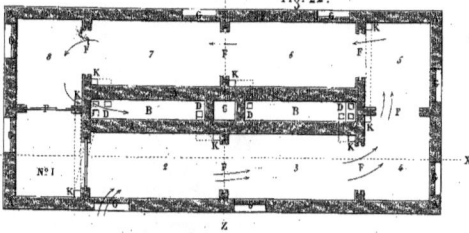

Four à puddler à chaleur concentrée, chauffé au gaz
et dont le calorique perdu est utilisé à la production de
la vapeur et de l'air chaud.

Fig. 24

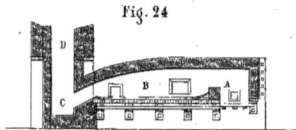

Four à puddler ancien.

Fig. 25.

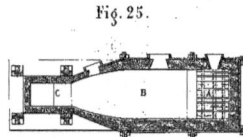

Fig. 26.

Fig. 27.

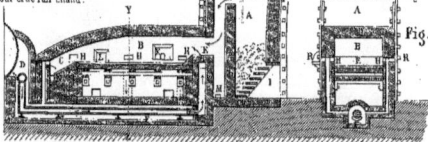

EXTRAIT DU CATALOGUE

DE LA BIBLIOTHÈQUE

DES PROFESSIONS INDUSTRIELLES ET AGRICOLES.

SÉRIE I.

Nº 2. Guide pratique de la **Fabrication des vins factices** et des boissons vineuses en général, ou manière de fabriquer soi-même des vins, cidres, poirés, bières, hydromels, piquettes et toutes sortes de boissons vineuses, par des procédés faciles, économiques et des plus hygiéniques, par M. L.-F. DUBIEF, chimiste, auteur de plusieurs ouvrages qui ont mérité les honneurs de la réimpression en France et à l'étranger. 1 vol., 72 pages.   1 fr. 50

Nº 4. Guide pratique d'**Économie domestique**, publié sous forme de dictionnaire, contenant des notions d'une application journalière, chauffage, éclairage, blanchissage, dégraissage, préparation et conservation des substances alimentaires, boissons, liqueurs, soins hygiéniques, etc., par le docteur B. LUNEL. 1 vol.   2 fr.

Nº 6. Guide pratique ou Traité de **Législation comparée** de la France, de l'Angleterre, de la Belgique et de l'Allemagne, par M. MAYGRIER. (*Sous presse.*)

Nº 7. Manuel ou Éléments d'**Ethnographie**, par M. J.-J. D'OMALIUS D'HALLOY. 4ᵉ édition. 1 vol. de 128 pages, avec une planche en couleur.   2 fr.

Guide pratique de **Sténographie**, par M. Charles TONDEUR. 1 volume.   1 fr.

Le **Verrier du XIXᵉ** siècle, ou Enseignement théorique et pratique de l'art de la vitrification, tel qu'il est pratiqué de nos jours, par M. P. FLAMM. In-8º de 512 p. et fig. dans le texte.   12 fr.

Chaque Manuel est expédié *franco* contre la réception de sa valeur en un mandat sur la poste adressé à M. E. LACROIX, éditeur, 15, quai Malaquais.

www.ingramcontent.com/pod-product-compliance
Lightning Source LLC
Chambersburg PA
CBHW052056090426
42739CB00010B/2201